I0697348

prometeo
libros

LA FILOSOFÍA DE GEORG SIMMEL
Una posible clave para la fundamentación
epistemológica de las Relaciones Internacionales

Johanna M. Fedorovsky

LA FILOSOFÍA DE GEORG SIMMEL
Una posible clave para la fundamentación
epistemológica de las Relaciones Internacionales

Índice

Prólogo

Por Lionel Lewkow *

Mefistófeles: "¡Soy el espíritu que siempre niega!"

J.W. Goethe, Faust

Las lecturas habituales de la obra de Georg Simmel se caracterizan por un doble sesgo. Por una parte, subrayan y exageran la impronta estética de la teoría del pensador berlinés. Así, se ha transformado en moneda corriente atribuirle a Simmel un "impresionismo sociológico" (Frisby, 1992: 133) atento a la observación detallada de fenómenos de la vida social moderna que fueron olvidados por el pensamiento canónico, *v.gr.*, el perfume, el adorno, la coquetería, el intercambio de miradas, el paisaje, la aventura, etcétera. No obstante, como señalaré de inmediato, constituye una verdad a medias considerar que Simmel solo se dedicó a la disección minuciosa de este tipo de fragmentos de la realidad. Por otro lado, y conectado con lo anterior, a la sociología actual, afecta a la interpretación dicotómica de la tradición que la precede –micro/macro, subjetivo/objetivo y acción/estructura, son las polaridades más célebres–, resulta natural ubicar a Simmel entre los cultores de la "microsociología", destacando, así, solo una de las vetas de su obra.

Para desmontar este tipo de exégesis que ve en nuestro autor a una figura intelectual juguetona y despreocupada ante los grandes dilemas y tensiones de la modernidad, no hace falta más que tomar en consideración los seminarios que ofreció como docente en la Universidad de Berlín hasta la publicación de su primer libro de sociología,

---

* Doctor en Ciencias Sociales por la Universidad de Buenos Aires. Docente de la Carrera de Sociología de la misma casa de estudios. Becario Postdoctoral del CONICET, con sede de trabajo en el Instituto de Investigaciones Gino Germani de la Facultad de Ciencias Sociales de la Universidad de Buenos Aires. Traductor de Simmel, G. (2017 [1890]). *Sobre la diferenciación social. Investigaciones sociológicas y psicológicas*, Barcelona, Gedisa.

Seminarios de G. Simmel en la Universidad de Berlín entre 1885 y 1890

Fecha	Seminario
Semestre de verano 1885 (16.4-15.8)	"Sobre la teoría moral de Kant"
Semestre de invierno 1885/86 (16.10-15.3)	"Principios de ética"
	"Sobre el pesimismo"
Semestre de verano 1886 (28.4-15.8)	"Explicación de aspectos seleccionados de Kant, al mismo tiempo como introducción a la Carrera de Filosofía"
	"Historia de la ética"
Semestre de invierno 1886/87 (16.10-15.3)	"Consecuencias filosóficas del darwinismo"
	"Ejercicios filosóficos en relación con los principios de filosofía práctica de Lotze "
Semestre de verano 1887 (16.4-15.8)	"Ética con especial consideración de los problemas sociológicos"
Semestre de invierno 1887/88 (16.10-15.3)	"Las más nuevas teorías filosóficas, especialmente en su relación con las ciencias naturales"
	"Sobre el pesimismo, con explicaciones detalladas de la teoría de Schopenhauer"
Semestre de verano 1888 (16.4-15.8)	"Explicación de aspectos seleccionados de Kant, al mismo tiempo como introducción a la Carrera de Filosofía"
	"Principios de ética"
Semestre de invierno 1888/89 (16.10-15.3)	"Las más nuevas teorías filosóficas, especialmente en su relación con las ciencias naturales"
	"Consecuencias filosóficas del darwinismo"
	"Capítulos seleccionados de la ciencia social"
Semestre de verano 1889 (24.4-15.8)	"Explicación de aspectos seleccionados de Kant, al mismo tiempo como introducción a la Carrera de Filosofía"
	"Algunos capítulos de psicología, con especial consideración de los problemas sociológicos"
Semestre de invierno 1889/90 (16.10-15.3)	"Las más nuevas teorías filosóficas, especialmente en su relación con las ciencias naturales"
	"Ética"
	"Problemas de ciencia social"
Semestre de verano 1890 (16.4-15.8)	"La filosofía de Kant, al mismo tiempo como introducción a la Carrera de Filosofía"
	"Principales teorías de la psicología con aplicaciones a problemas éticos y sociales"
Semestre de invierno 1890/91 (16.10-15.3)	"Las más nuevas teorías filosóficas, especialmente en su relación con las ciencias naturales"
	"Sobre el pesimismo, especialmente el de Schopenhauer"
	"Ética respecto a los problemas sociales"

Fuente: elaboración propia en base a Simmel (2016: 607-609). Traducción de Lionel Lewkow).

Übersociale Differenzierung (Simmel, 2017 [1890]).[1] Dado que se trata de una información poco conocida del derrotero intelectual de Simmel, reproduzco un listado parcial de sus seminarios en el cuadro de la página anterior.

En compendio, de 25 seminarios, 8 están relacionados con cuestiones éticas, mientras que ninguno tiene que ver con temas estéticos.

A modo de muestra del tipo de reflexión sobre lo moral que propone Simmel, vale mencionar su ensayo de juventud *Bemerkungenzusocialethischen Problemen* (1989a [1888]: 20-36), aún inédito en castellano, y el segundo capítulo de *Übersociale Differenzierung*, titulado "Über Kollektiv verantwortlichkeit" (2017 [1890]: 57-97). Ambos textos serán la plataforma para su primer *opus magnum, Einleitung in die Moral wissenschaft* (1989b [1892]; 1991 [1893]). Se trata de un voluminoso escrito que en sus dos tomos discute temas de ética –antes bien, ético-políticos, en tanto Simmel se ocupa, por ejemplo, de la tensión entre el liberalismo y el socialismo, el egoísmo y el altruismo, la igualdad y la libertad, etcétera– y, al igual que el ensayo mencionado en primer lugar, carece de traducción castellana a la fecha.

Para dar cuenta de la óptica simmeliana en el terreno de cosas al que estoy refiriendo sería necesaria una reflexión más extensa y profunda que la que puedo realizar en estas páginas, por eso, me limitaré a destacar un rasgo principal de su propuesta, esto es, el recurso a polaridades que se dinamizan y vuelven porosas al contaminarse por su opuesto, en otras palabras, el relativismo. De hecho, Simmel acostumbra a sus lectores a reflexiones vertiginosas donde no hay un principio definitivo y último; opera, por tanto, como el Mefisto de Goethe: siempre niega, nunca nos deja en reposo y sosegados.

En este respecto, por ejemplo, sostiene Simmel que la responsabilidad moral no es ni completamente social, ni completamente individual. El pensador alemán expresa esta ambivalencia mediante una referencia implícita y reformulada a la "Parábola del sembrador". Así, si en Lucas 8: 4-6 se lee que una "[semilla] cayó sobre la roca y así como brotó se secó porque no tenía humedad",[2] Simmel, en contraste, afirma que en la vida social ninguna acción carece de efectos, podemos decir, por tanto, que ninguna "semilla" es infértil. Para ilustrar este punto cito *in extenso* el párrafo final de "*Über Kollewktiv vrantwortlichkeit*" ya que el refinamiento literario de nuestro autor resulta inigualable por la pluma de este humilde exégeta:

---

[1] Cito los títulos de textos de Simmel según la ortografía alemana de la época original de publicación. En ese sentido, en vez del actual "sozial" se lee en sus textos "social".

[2] "(…) *anderes fiel auf den Fels; undals es aufging, verdorrte es, weil es keineFeuchtigkeithatte*". Se utiliza aquí el texto bíblico alemán para referir a una versión cercana a la que Simmel tal vez leyó.

> [M]ientras que, por un lado, la comprensión de nuestra dependencia social puede embotar la conciencia individual, por el otro tiene que agudizarla, ya que enseña que todo hombre está en un punto de intersección de innumerables hilos sociales, de manera que cada una de sus acciones tiene que producir los más variados efectos sociales. Por así decirlo, dentro del grupo social ninguna semilla cae sobre una roca [...]. El ensimismamiento del individuo se interrumpe, tanto *a parte ante* como a *parte post*, de tal modo que la contemplación sociológica aliviana un peso al individuo, pero también acrecienta su carga (...) (Simmel, 2017 [1890]: 96-97).

En breve, los individuos, en la interface de los vínculos con otros, cargan parte de sus culpas morales del lado de lo social, pero su responsabilidad es aún mayor en tanto todo acto tiene consecuencias que se ramifican a lo ancho y lo largo de los "intercambios de efectos".

Tras este breve rodeo, estoy en condiciones de afirmar que el texto que el lector tiene en sus manos suma argumentos a favor de una interpretación renovada de la obra de Simmel, en otro términos, en *La filosofía de Georg Simmel. Una posible clave para la fundamentación epistemológica de las Relaciones Internacionales*, Johanna Fedorovsky delinea una lectura que, a contrapelo del énfasis en lo estético que caracteriza a la exégesis corriente, muestra a un Simmel "serio" que se preocupa por el movimiento oscilante de la vida social entre el conflicto y la armonía o –en los términos de las reflexiones éticas simmelianas– el egoísmo y el altruismo. Pero, el aporte que hace el texto de Fedorovsky no se limita a poner en cuestión estas interpretaciones, también muestra la potencialidad del planteo del autor para dar cuenta de los vínculos entre Estados, con lo que asesta el tiro de gracia a la reducción de la teoría simmeliana a una "microsociología". En otras palabras: a Simmel le interesaron los pequeños hilos que se atan y desatan entre los hombres, pero también los grandes acontecimientos ético-políticos que marcan nuestra época y marcaron la de él: la igualdad, la libertad, la responsabilidad colectiva e individual, la pobreza, la extranjería, la monetización de la vida, la guerra, la paz, etcétera.

Bajo esta óptica, la presente obra, compuesta de tres capítulos, comienza por introducir un diferendo teórico central de la disciplina de las Relaciones Internacionales, a saber: el contraste entre el Liberalismo y el Realismo. Como parte de este análisis, la autora incluye, a su vez, una revisión de la Escuela Inglesa en tanto mirada de carácter holista que busca terciar entre los aspectos encontrados de los dos paradigmas en disputa.

El segundo capítulo, que constituye el núcleo de la propuesta de Fedorovsky, hace el inestimable y logrado esfuerzo de utilizar el enfoque de Simmel en un terreno investigativo en el que rara vez ha sido empleado, precisamente, el de la fundamentación filosófica de la discusión en torno a las Relaciones Internacionales (RRII). Recurre para ello al concepto simmeliano de conflicto y a la noción de tragedia en tanto dispositivo teórico que, a contrapelo del pensamiento dialéctico tradicional, unifica los polos en tensión, sin poner en solfa sus fricciones. Este capítulo también hace un repaso detallado por la vida y obra de Simmel, su arquitectura conceptual así como las fuentes filosóficas de su teoría. Tratándose de un autor que aún ocupa una posición marginal entre las ofertas teóricas del ámbito académico de las ciencias sociales y la filosofía, sin duda, esta labor resulta un gran aporte para los lectores no familiarizados con esta figura del pensamiento moderno.

El tercer y último capítulo pone las hipótesis de la autora ante la prueba de un hecho histórico concreto: la así llamada Crisis de los Misiles. Y, frente al dictamen de la *empirie* sale airosa al mostrarnos de modo solvente la simultaneidad de la beligerancia y la armonía en esta coyuntura crítica de la Guerra Fría.

A juicio de quien suscribe las reflexiones precedentes, la investigación que presenta aquí Fedorovsky contribuye a poner en el centro de la escena filosófica, sociológica y de la disciplina de las RRII a un pensador que por largo tiempo ha sido excluido por el canon de los claustros académicos.

Agosto de 2017, Buenos Aires

Referencias

Frisby, D. (1992). *Fragmentos de la modernidad. Teorías de la modernidad en la obra de Simmel, Kracauer y Benjamin*, Madrid, Visor.

Goethe, J. W. (2014). *Faust*, München, C.H. Beck.

Simmel, G. (1989a [1888]). "Bemerkungenzusocialethsichen Problemen", en: Georg Simmel, *Aufsätze 1887-1890. ÜbersocialeDifferenzierung. Die Probleme der Geschichtsphilosophie (1892)*, Gesamtausgabe, Tomo 2, Frankfurt a.M., Suhrkamp. pp. 20-36.

Simmel, G. (1989b [1892]). *Einleitung in die Moralwissenschaft. EineKritik der ethischenGrundbegriffe. Erster Band*, Gesamtausgabe, Tomo 3, Frankfurt a.M., Suhrkamp.

Simmel, G. (1991 [1893]). *Einleitung in die Moralwissenschaft. EineKritik der ethischenGrundbegriffe. Zweiter Band*, Gesamtausgabe, Tomo 4, Frankfurt a.M..

Simmel, G. (2016). *Nachträge. Dokumente. Gesamtbibliographie. Übersichten. Indices*, Gesamtausgabe, Tomo 24, Frankfurt a.M., Suhrkamp.

Simmel, G. (2017 [1890]). *Sobre la diferenciación social. Investigaciones sociológicas y psicológicas*, Barcelona, Gedisa.

Resumen

Este libro estudia los posibles aportes de la filosofía de Georg Simmel a las Relaciones Internacionales. El objetivo es dar respuesta a una limitación que atraviesa a la disciplina, consistente en la simplificación del fenómeno internacional a través de la concepción de los Estados nacionales en términos exclusivos de conflicto o cooperación. Los aportes simmelianos abordados aquí brindan una salida a la dicotomía conflicto-cooperación, sentando las bases para desarrollos de Relaciones Internacionales más complejos y capaces de dar cuenta del fenómeno internacional en forma más completa. Este estudio se basa principalmente en las ideas simmelianas de *dualismo*, *formas de socialización* y *ley individual*, que son presentadas y analizadas de manera teórica. Un estudio de caso sobre la Crisis de los Misiles Cubanos de 1962 complementa dichos desarrollos teóricos, demostrando la utilidad práctica de incorporar las contribuciones de Simmel a los análisis de Relaciones Internacionales.

Agradecimientos

Quiero agradecer al Dr. Lionel Lewkow (Instituto de Investigaciones Gino Germani, Facultad de Ciencias Sociales, UBA), por sus valiosos aportes, su compromiso y su paciencia. Asimismo, me gustaría destacar el apoyo que recibí por parte de las autoridades de la Maestría en Relaciones y Negociaciones Internacionales (Universidad de San Andrés-FLACSO-Universidad de Barcelona), quienes pusieron a mi alcance las herramientas para poder desarrollar este estudio. Finalmente, agradezco a mi madre y a toda mi familia –la biológica y la que se elige–, por su soporte afectivo y material, que se ha traducido durante años en una apuesta incondicional por mi crecimiento académico y profesional. Muchas gracias.

Abreviaturas

EE.UU.: Estados Unidos.

OEA: Organización de los Estados Americanos.

ONU: Organización de Naciones Unidas.

OTAN: Organización del Tratado del Atlántico Norte.

PGM: Primera Guerra Mundial.

RRII: Relaciones Internacionales.

SGM: Segunda Guerra Mundial.

URSS: Unión de Repúblicas Socialistas Soviéticas.

Introducción

La disciplina de las Relaciones Internacionales (RRII) es uno de los
emergentes más jóvenes de las ciencias sociales.[3] Si bien recoge una
herencia de pensamiento filosófico y político que se remonta hasta
la Antigüedad, su aparición como campo de pensamiento científico[4]
autónomo puede situarse en el primer cuarto del siglo XX. Siguiendo
a Dunne *et al.* (2013), es posible considerar al año 1919 como el momento de referencia para el nacimiento de la disciplina. Y, es que, los

---

[3] Siguiendo a Thomas Meszaros (2009), es posible distinguir en las ciencias sociales dos
grandes grupos: aquellas que surgieron durante el siglo XIX (Antropología, Sociología,
Psicología, Historia, Economía, Geografía, Lingüística, Arqueología, Demografía y
Ciencias Política) y aquellas que aparecieron en el siglo XX (Ciencias de la Comunicación, Ciencias de la Educación, Ciencias Cognitivas y Relaciones Internacionales).

[4] Resumidamente, "ciencia" es entendida aquí como un *corpus* de conocimiento diferente
a la opinión (*doxa*) y a la filosofía. Según Ferrater Mora (1964: 284), se trata de "un
modo de conocimiento que aspira a formular mediante lenguajes rigurosos y apropiados
(...) leyes por medio de las cuales se rigen los fenómenos". En el caso de las ciencias
sociales, a la que pertenece la disciplina de las RRII, tal definición debe especificarse
y adaptarse a las limitaciones de objeto y método propias del campo de lo social. En ese
sentido, es posible pensar a las ciencias sociales más bien en términos de comprensión,
a la manera planteada por Max Weber (1973), que de explicación/predicción. Ello no
significa, de todos modos, que las ciencias sociales no tengan pretensiones de legalidad;
los propios paradigmas de las RRII son un ejemplo de ello. Cabe mencionar además
que la ciencia, siguiendo a Bourdieu (2000), puede abordarse como un campo de luchas
por el monopolio de la autoridad científica, donde la propia definición de ciencia resulta
un crucial motivo de disputas. Esta última consideración es fundamental teniendo en
cuenta que el presente estudio se plantea básicamente como una indagación epistemológica. Todos los desarrollos científicos, incluyendo los paradigmas de las RRII, deben
analizarse sin perder de vista las condiciones sociales en las que se han desarrollado
y las consecuencias prácticas que han generado. Aquellas condiciones sociales son las
que permiten que surjan determinadas autoridades dentro de las ciencias, que definen
paradigmas dominantes (*mainstream*). Así, en general, es posible encontrar dentro de
cada ciencia un paradigma central que ocupa dicho rol, a pesar del surgimiento y la
supervivencia de paradigmas alternativos.

años posteriores a la Primera Guerra Mundial (PGM) dieron lugar a un pensamiento liberal que, cristalizado en la figura del presidente estadounidense Woodrow Wilson (1913-1921), tendría como meta la abolición de la guerra a través de normas internacionales (Kissinger, 2011). Las tensiones de entreguerras y, finalmente, el estallido de la Segunda Guerra Mundial (SGM), evidenciaron el fracaso del concepto jurídico de paz wilsoniano, dando espacio a otras interpretaciones sobre los fenómenos de la esfera internacional. El realismo político, enfocando las relaciones conflictivas entre Estados, apareció como alternativa a la posición liberal.

Finalizada la SGM y de cara a la Guerra Fría, se dio en la disciplina de RRII un primer gran debate, que enfrentó a liberales y realistas (Barbé, 1987). Si bien aquel debate ideológico difícilmente pueda considerarse cerrado, sí puede decirse que su resultado fue la aparición de tres paradigmas[5] claramente diferenciados en el campo de las RRIII: el *realismo*, el *liberalismo* y, más al margen, el *marxismo/estructuralismo*.[6] A pesar de su rol más periférico, vale subrayar que este último ha generado algunas contribuciones relevantes en la agenda de las RRII, como por ejemplo en el campo de la Política Económica Internacional (Barbé, 1995). La *teoría de la dependencia*, difundida en América Latina durante los años '70 y '80 (Bresser-Pereira, 2006), se inscribe dentro de los aportes del marxismo/estructuralismo en RRII.

La particularidad de las RRII respecto de otras ciencias sociales es que sus dos paradigmas principales han ocupado alternativamente la posición de perspectiva *mainstream*, dándose así una suerte de hegemonía pendular. A pesar de que el realismo goza de una jerarquía un tanto más elevada dentro de la comunidad epistémica[7] de las RRII,[8] en diferentes momentos históricos, tanto

---

[5] Se entiende aquí "paradigma" como un grupo de afirmaciones *a priori* que sirven de base para el desarrollo de conocimiento científico (Boudon, 1988/89). Tal como sugiere Esther Barbé (1995: 57: cursivas en el original), *"el paradigma viene a jugar las veces de mapa mental del teórico*, mapa que le ofrece una imagen del mundo y que constituye una guía para la investigación".

[6] Existen diferentes maneras de referirse y clasificar a los paradigmas de las RRII. Sin embargo, estas son las tres líneas de pensamiento de más peso y con identidades mejor definidas. Es por ello que se elige esta clasificación como base del estudio.

[7] El término "comunidad epistémica" se comenzó a utilizar en la sociología para luego adaptarse al campo de las RRII (Haas, 1989). "Se refiere a una comunidad específica de expertos que comparten un grupo de creencias respecto de relaciones causa-efecto, y que también moldean la forma en que dichas relaciones causa-efecto son abordadas" (*Ibíd.*: 384, traducción de la autora).

[8] La hegemonía del paradigma realista es corrientemente destacada por diferentes autores. Sin embargo, es interesante traer al debate la polémica sentencia de J. Ster-

liberalismo como realismo se han presentado como paradigma hegemónico. Tal como sugiere Dunne (2004: 186), "[a]unque el Realismo es visto como la teoría dominante de las relaciones internacionales, el Liberalismo tiene fuerza suficiente para erigirse como alternativa histórica. (...) El Liberalismo se ha encontrado ocasionalmente en ascenso, cuando sus ideas y valores lograron establecer la agenda de las relaciones internacionales". Los períodos de ascenso del paradigma liberal a los que refiere Dunne pueden resumirse a grandes rasgos en tres momentos: el período de entreguerras y la creación de la Sociedad de Naciones; un breve momento luego de la SGM marcado por la emergencia de la Organización para las Naciones Unidas (ONU); y la década de los '90 atravesada por el discurso de un Nuevo Orden Mundial (*New World Order*) occidental tras la disolución de la Unión de Repúblicas Socialistas Soviéticas (URSS) (*Ibíd.*). El fracaso de la Sociedad de Naciones[9] como un intento de W. Wilson de configurar una institución capaz de abolir la guerra no es un dato menor: no obstante los resurgimientos posteriores del liberalismo, Dunne (*Ibíd.*) considera que se trató de un golpe fatal para el paradigma. Barbé (*Op. cit.*, 1995: 61), por su parte, se refiere a esa misma situación como "la Gran Desilusión del período de entreguerras". Más allá de los aciertos teórico-metodológicos que el realismo haya podido tener, es probable que este duro tropiezo del liberalismo haya marcado la preeminencia del realismo hasta nuestros días.

Volviendo a las particularidades de las RRII como disciplina, puede decirse que la hegemonía pendular de sus dos paradigmas centrales constituye un escenario cualitativamente diferente al que puede encontrarse en otras ciencias sociales, donde la falta de una situación de ciencia normal suele traducirse más bien como paradigmas en pugna y no como una alternancia en las ideas que ocupan el rol dominante. Cabe recordar la propuesta de Thomas Kuhn a propósito de la idea de ciencia normal, donde esta se define como "un afortunado estado donde la (supuestamente única y unitaria) comunidad científica de una cierta disciplina cree fielmente en un único paradigma" (Boudon, 1988/89: 747, traducción de la

---

ling-Folker (2006: 13, traducción de la autora): "El Realismo es típicamente descrito como la perspectiva teórica dominante en la disciplina de RRII. No obstante, la gran mayoría de los académicos no son realistas".

[9] La Sociedad de Naciones buscó construir un sistema de seguridad colectiva sin tener en cuenta que la base de éste estaba minada por sentimientos de injusticia y ánimos de revancha. La morfología y el impacto simbólico de la Paz de Versalles condenaron al mundo a una segunda gran guerra que estallaría tan solo veinte años después (Carruthers, 2005).

autora). En relación al movimiento pendular de los paradigmas en RRII, es menester subrayar que su alternancia no debe pensarse como una migración masiva de un paradigma a otro por parte de los académicos de la disciplina. Desde luego, existen quienes en las RRII defienden una determinada perspectiva teórica más allá de los valores e ideas de época que pudieran transformar el espíritu de la ciencia. Lo que importa aquí es que alternativamente uno u otro paradigma ocupa una posición dominante, sin que los académicos que no están dispuestos a seguir el movimiento pendular de los paradigmas tengan suficiente fuerza como para generar una fisura en ese posicionamiento hegemónico. Debido a la presencia de estos intelectuales comprometidos férreamente con un paradigma determinado, se puede decir que en las RRII se da tanto una pugna como una alternancia de paradigmas.

Es posible afirmar entonces que las RRII llevan a la falta de ciencia normal en las ciencias sociales a una nueva dimensión. Ya no hay solamente paradigmas en pugna, sino también un movimiento pendular de un paradigma *mainstream* a otro. La existencia de esta dinámica en el devenir epistemológico de las RRII responde en parte a las características propias del liberalismo y el realismo. Las filosofías y campos de estudio que definen a ambas perspectivas están en la base del movimiento de alternancia de los paradigmas.

De modo sintético, el liberalismo parte de una antropología positiva donde el individualismo, la moderación, la tolerancia, la libertad, el constitucionalismo y la paz son valores rectores (Dunne, *op. cit.*, 2004). El liberalismo no niega el conflicto en el escenario internacional, pero sí sostiene que es posible transformar a las relaciones internacionales en un espacio de cooperación, promoviendo libertad, paz, prosperidad y justicia (Sterling- Folker, 2006). Esta corriente de pensamiento demuestra fe en la noción de progreso, sin embargo, ello no debe confundirse con una noción de cooperación automática entre los diferentes actores del sistema internacional (*Ibíd.*). A grandes rasgos, se pueden distinguir tres líneas de pensamiento principales que ponen el foco en distintas instancias que llevarían a la cooperación: la *interdependencia económica*, la *paz democrática* y las *instituciones internacionales* (Walt, 1998). Es importante resaltar que "[a] pesar de los diferentes enfoques, estas tres ramas de pensamiento comparten una serie de supuestos comunes acerca de la política mundial contemporánea, que hace que estas explicaciones sean más compatibles que competidoras" (Sterling-Folker, *op. cit.*: 56, traducción de la autora).

En cuanto al realismo, una aproximación introductoria debe destacar ante todo su inclinación a pensar el conflicto y el poder como elementos determinantes de las relaciones internacionales (Dunne, *op. cit.*, 2004). Para el realismo, el actor por excelencia de las relaciones internacionales es el Estado, cuya supervivencia no está garantizada debido a que la guerra se considera una herramienta legítima para la resolución de tensiones internacionales (*Ibíd.*). Dado que los Estados son soberanos y su objetivo es obtener una posición ventajosa para sí, el sistema internacional está atravesado por las nociones de *auto-ayuda* y *anarquía* (*Ibíd.*). No existe una configuración supra-estatal capaz de imponer normas y verificar su cumplimiento a través de un poder de policía. Al igual que el liberalismo, el realismo cuenta con diferentes vertientes de pensamiento cohesionadas a través de supuestos compartidos. De manera simplificada, estas ramas son: el *realismo clásico*, el *neorrealismo* y el *realismo neoclásico*. En general, puede afirmarse que el realismo tiene un posicionamiento marcadamente pesimista (Sterling- Folker, *op. cit.*, 2006). Pues, si bien no todas sus vertientes remiten a una línea biologicista, es posible decir que subyace al paradigma realista una antropología negativa, válida incluso en aquellas versiones que señalan al sistema internacional como la causa última de los conflictos entre Estados. En definitiva, cuando el realismo corre el foco desde el individuo "malo" hacia el sistema internacional para poder abordar los fenómenos de hostilidad, no hace más que tomar a la consecuencia por causa y caer en una interpretación de tipo superficial de las relaciones entre Estados. De ese modo, es posible detectar que la pregunta fundamental acerca del origen del conflicto no se extingue, sino que se oculta a través de un rodeo intelectual que no necesariamente es conciente, pero permite que la disciplina siga funcionando. No obstante, es innegable el potencial de algunos de los conceptos y aproximaciones realistas para la comprensión de las RRII.

De las breves descripciones presentadas en los párrafos precedentes emana un dato fundamental: tanto en el realismo como en el liberalismo, las consideraciones acerca de la naturaleza/carácter del ser humano moldean desde la base las descripciones y explicaciones que estas perspectivas proponen en relación de los fenómenos internacionales. El liberalismo y el realismo no escapan a la herencia de la ciencia política como núcleo primitivo de las RRII y reproducen de esa manera el *dualismo* antropológico "hombre bueno/hombre malo" como punto de partida, más o menos explícito, de sus abordajes. Esta situación, lejos de ser inocua, reporta consecuencias epistemológicas relevantes. El movimiento pendular en la hegemonía de los paradigmas de las RRII sería una de ellas. La fe del liberalismo en el hombre contrasta con el pesimismo del realismo, al punto de que podría encontrarse allí el límite ideal del contacto entre ambos paradigmas. De los planteos teóricos del liberalismo y el realismo se desprende que no sería posible afirmar al hombre, ni tampoco a los Estados, como buenos y malos al mismo tiempo.

En este marco no es casual que en la disciplina de las RRII haya predominado una lógica de oposición irreconciliable entre sus diferentes paradigmas. Dicha oposición fue matizada en cierto modo por el surgimiento de la *escuela inglesa* entre los años '50 y '60. Esta promovió una mirada más holística e integrada en las RRII (Buzan, 2001), incorporando críticamente elementos del realismo y el liberalismo. Pasado el momento de auge de la escuela inglesa, recién hacia fines de los años '90 se comenzó a detectar el resurgimiento de la idea de una convivencia más pacífica entre las diferentes teorías de la disciplina. En 1998, Stephen Walt (*Op. cit.*: 42-43, traducción de la autora) afirmaba: "mientras que estos debates reflejan la diversidad actual de la academia en RRII, existen también obvios signos de convergencia (...) Los límites de cada paradigma son en cierto modo permeables, y hay amplias posibilidades para el arbitraje intelectual". Dunne *et al.* (*Op. cit.*: 2013) operacionalizan el alto en la "guerra de los paradigmas" a través de dos observaciones empíricas relacionadas con su rol de editores del *European Journal of International Relations*. La primera consiste en la tendencia decreciente de los debates teóricos inter-paradigmáticos; la segunda refiere a una merma en la cantidad de trabajos científicos dedicados exclusivamente a indagaciones teóricas. Dunne *et al.* consideran a este escenario como propicio para el surgimiento de un "pluralismo integrador", que "acepta y preserva la validez de un amplio rango de perspectivas teóricas, y acoge la diversidad teórica como un medio para aportar una comprensión más profunda y multi-dimensional de fenómenos complejos" (*Ibíd.*: 416, traducción de la autora). Huelga decir que este posicionamiento no debe confundirse con un elogio al relativismo y a la proliferación de paradigmas; la probidad de cada perspectiva teórica debe ser evaluada oportunamente por la comunidad epistémica. Tampoco debe perderse de vista el proceso de fragmentación de las RRII descrito por estos autores (*Ibíd.*), que se despliega en sentido inverso al pluralismo integrador.

Si bien algunas visiones consideran a la convivencia de paradigmas como una posible señal de madurez intelectual de las RRII, o bien, como su curso natural (*Ibíd.*), es fundamental señalar que el actual escenario no debería evaluarse en términos completamente esperanzadores. Ello es así porque la disputa filosófica fundamental —aquella que durante el primer gran debate de las RRII pudo verse crasamente– no se ha cerrado aún. Sigue habiendo una contraposición de base entre una antropología negativa (conflicto) y una antropología positiva (armonía). El hecho de que la disciplina siga funcionando y desarrollando conocimientos probablemente se deba a que cada paradigma aborda diferentes campos temáticos. Cabe recordar que el contenido de las RRII es realmente amplio,[10] y que ello posibilita la fragmentación en la teoría y los objetos de estudio: si las RRII incluyen tanto a los fenómenos internacionales de conflicto como a los de armonía, entonces no resulta descabellado que realismo y liberalismo coexistan, pues ambos paradigmas se ocupan de una porción específica de las RRII. Y, así como se sugiere más arriba un rodeo intelectual en los abordajes realistas acerca del conflicto, se retoma aquí esa misma figura, pero para la totalidad de las RRII. La oposición que el liberalismo y el realismo mantienen en sus bases filosóficas se deja de lado y fuera de problematización, y dicho rodeo opera discretamente como condición de posibilidad de la tregua entre ambos paradigmas.

El paso que sigue, entonces –y en el que este estudio pretende hacer un aporte–, es llevar al plano de lo explícito ese contenido epistemológico que hasta el momento se ha dejado ciertamente de lado y sin problematizar, *i.e.*, la indagación filosófica que da cuenta del conflicto y también la armonía en las RRII. El presente libro se propone abordar aquel contenido en cierto modo soslayado de las RRII, es decir, la problemática de dos polos opuestos y exclusivos, bueno o malo, que persiste y es menester cuestionar. Y, es que, parte de la preocupación que motiva esta investigación se relaciona con una inquietante pregunta: ¿hasta qué punto es posible hacer ciencia y confiar en ella, cuando los supuestos filosóficos de una disciplina son endebles? Es cierto que las RRII han estado atravesadas por el pragmatismo desde su nacimiento, no obstante, ello no debería tomarse como una condena inapelable. Tanto la perspectiva liberal como el realismo emergieron con el afán de dar respuesta a la pregunta de cómo moldear la política exterior de Estados Unidos (EE.UU.), pero luego la disciplina continuó su desarrollo, autonomizándose en cierto modo de aquél origen eminentemente orientado a la acción. La introducción de Georg Simmel al debate se relaciona en gran medida con este movimiento de la disciplina de las RRII hacia una situación de mayor consolidación. Pasado el apremio de desarrollar una teoría para la práctica y, superada

---

[10] Siguiendo a Kal Hoslti, Barbé señala que la noción de relaciones internacionales "(...) hace referencia a todas las formas de interacción entre miembros de sociedades separadas, estén o no propiciadas por un gobierno" (*Op. cit.*, 1995: 21).

la "guerra de paradigmas", es tiempo de que la disciplina vuelva a pensar sus supuestos más básicos, en especial, sobre qué tipo de consideraciones filosóficas se construye la ciencia. Probablemente por esa vía se acceda a una comprensión más profunda de los conocimientos hasta ahora desarrollados en el seno de la disciplina.

Las indagaciones aquí desarrolladas se suman al debate filosófico de las RRII, que no es menor, si se considera a la filosofía como una instancia de donación de sentido, clarificación de teorías y orientación para pensar a los fenómenos (Ramel, 2007). Como se desprende de los planteos de Edmund Husserl (1992; 2008) –fundador de la Fenomenología e interlocutor de Simmel[11]–, es importante identificar a la filosofía que está en la base de cada ciencia y evaluar si se trata de una filosofía conectada con el mundo de la vida (*Lebenswelt*), *i.e.* contactada con la humanidad. Pues, una ciencia divorciada del mundo de la vida puede suscribir éxitos teóricos y prácticos, pero en el fondo carece de sentido (*Ibid.*). Así, si se pretende desarrollar ciencias al servicio de la humanidad, entonces resulta menester abordar los planteos filosóficos que cimientan cada disciplina, en este caso las RRII. Una ciencia carente de un sustento filosófico que la conecte con la humanidad no es más que técnica y la técnica no necesariamente se guía por valores que beneficiarían a la humanidad en su conjunto. En sentido similar se expresa Herbert Marcuse (1993), referente de la *Escuela de Frankfurt*, que recibió una fuerte influencia simmeliana: la técnica puede representar instancias de dominación al servicio de proyectos políticos particulares, lejos de servir a la humanidad toda. Que las RRII sean una ciencia de base filosófica sólida, clara y conectada con el mundo de la vida, lejos de ser un mero purismo académico es una preocupación real, pues se trata de una disciplina que informa a decisiones de política exterior en las que se definen la paz o la guerra.

En este contexto, retomar a Simmel forma parte de la pregunta filosófica por la naturaleza/carácter del hombre y también de la sociedad, en tanto considera que, si ha de aceptarse un concepto de sociedad, esta solo puede referir a la suma de las interacciones entre

---

[11] Los intercambios epistolares entre Simmel y Husserl reflejan que, además de mantener una relación profesional, estos eran amigos. Para entender la naturaleza de su relación es importante considerar que ambos padecieron la problemática del antisemitismo en el ámbito académico alemán. Otro rasgo común de Simmel y Husserl era la defensa de un posicionamiento alternativo al objetivismo, que generaba un terreno de discusión propicio para la retro-alimentación, a pesar de las diferencias en sus respectivas obras (Lewkow, 2015).

individuos[12] (Simmel, 2008 [1903]). El aporte que se podría hacer desde Simmel al debate de la RRII viene dado, principalmente, por su posicionamiento filosófico dualista.

Desde el planteo de Georg Wilhelm Hegel acerca del devenir dialéctico de los fenómenos, el pensamiento de la modernidad ha estado atravesado por la lógica de las tensiones orientadas a la conciliación. Quizás el caso más resonante de pensamiento dialéctico sea el de Karl Marx y su materialismo histórico, aunque lo cierto es que la ciencia moderna occidental en general ha adscripto a la hegemonía de la dialéctica y, en ese sentido, las contradicciones han sido vistas como momentos a superar. Bajo la óptica de la dialéctica, la teleología de la ciencia es la emergencia de un conocimiento fuera de toda disputa; no es casual que Kuhn utilice el vocablo "normal" para referirse a este tipo de situaciones. Esto último no quiere decir que con el correr de las décadas no se hayan dado debates acerca de la existencia de la verdad científica. Sin ir más lejos, en el planteo del propio Kuhn aparece la figura clave del paradigma en crisis como antesala de una revolución científica. Sin embargo, ello no menoscaba el hecho de que mientras haya ciencia normal, prevalece la visión de que la ciencia se encuentra en el momento final de la dialéctica o, en otros términos, en la etapa de síntesis. A diferencia

---

[12] Simmel dedicó parte de su obra al estudio y crítica del concepto de sociedad. Una importante crítica que emana de la obra simmeliana consiste en considerar a la sociedad como un constructo cosificante, que no llega a capturar la totalidad de lo social como proceso (*cfr.*: 49-52). Tal como señala Simmel: "la 'sociedad' sería una abstracción, imprescindible para fines prácticos, de gran utilidad también para un resumen provisional de los fenómenos, pero ningún auténtico *objeto* más allá de los seres singulares y los procesos dentro de ellos" (Simmel, 2003 [1917]: 24, destacado en el original). Otro emergente interesante de la crítica de Simmel a la sociedad es la noción de *tragedia de la cultura*, que consiste en una descripción similar a la del fetichismo de la mercancía presente en la producción marxiana, pero más ambiciosa en tanto excede el ámbito de lo meramente económico. La tragedia de la cultura es el "primer gran dualismo" (Simmel, 2002 [1911]: 317) y refiere un desdoblamiento del espíritu (la vida) que da como resultado la emergencia de una cultura subjetiva y una cultura objetiva. Ambos términos están en oposición, al tiempo que se encuentran en una comunidad irreducible: la condición de ser cultura (subjetiva u objetiva, según el caso). De este modo, Simmel señala que la vida "produce como manifestación directa suya formas objetivas en que se expresa y que, a su vez, a modo de receptáculos y formas suyas, pretenden acoger en sí sus corrientes ulteriores, mientras que su ideal e histórica fijación, delimitación y rigidez más tarde o temprano se ponen en antítesis y antagonismo con la vida eternamente variable, que borra los límites y es continua" (Simmel, 2001 [1918]: 119). Dicho de un modo más simple, los emergentes del espíritu subjetivo constituyen al espíritu objetivo, adoptando este último una existencia independiente de aquel espíritu subjetivo que le dio origen, e incluso, atinando a negarlo. En el capítulo 2 de este libro se brindan más detalles sobre el concepto simmeliano de *tragedia*.

de la tendencia general del pensamiento moderno, Simmel (2002 [1911]; 2005 [1913]) acogió a la contradicción como un elemento clave de su producción intelectual. Para este autor, el dualismo no necesariamente debe resolverse; es más, es sumamente prolífico en cuanto a los efectos que genera en la vida social. Se trata de una situación en donde los polos en contradicción no son exteriores entre sí, sino productos de una misma fuente de tensión. De este modo, las polaridades no se cierran y, a la vez, son inherentes la una a la otra. Lejos de ser una sutileza, esto último es significativo a la hora de entender la especificidad del dualismo simmeliano en las ciencias sociales, pues es una manera ciertamente particular de entender la contradicción.

A modo de presentación del autor, cabe mencionar que Simmel fue un pensador de la modernidad que abarcó diferentes campos de investigación y es considerado como uno de los fundadores de la sociología. En el marco de las discusiones acerca del objeto de estudio de dicha ciencia, Simmel señaló que lo específico de esta disciplina es el estudio de las *formas de socialización* (Simmel, 1939 [1908]; 2003 [1917]), que vendrían a describir modos de interacción recurrentes en un contexto social determinado. Entre esos modos de interacción o, en términos que se desprenden de la obra de Simmel, "múltiples efectos recíprocos" (Vernik, 2003: 11), Simmel identificó un binomio muy particular de imposible resolución: formas de socialización tendientes a la armonía y formas de socialización tendientes al conflicto. Ambas coexisten y, de ese modo, es imposible optar por una antropología negativa, que en RRII caracteriza al realismo y al estructuralismo,[13] ni tampoco por una positiva, tal como sucede en el paradigma liberal. La posibilidad de coexistencia de la armonía y el conflicto en los fenómenos internacionales se relaciona con el tipo de moralidad que Simmel atribuye a los individuos, que puede extrapolarse a los Estados nacionales. Esta manera de ejercer la moralidad es la *ley individual,* que explica las acciones a través de una necesidad

---

[13] La consideración del marxismo como representante de una antropología negativa no puede ser entendida fuera de una distinción fundamental entre los planteos marxianos basados en cuestiones históricas efectivas y aquellos otros planteos realizados a partir de una proyección con pretensiones políticas emancipatorias. Así, para comprender el porqué de la identificación del marxismo con una imagen negativa respecto del hombre, es menester enfocarse en el plano de la realidad experiencial, antes que en la teleología que lleva al comunismo post-capitalista, modo de producción este último donde el hombre se realizaría en sociedad. Repasando las teorizaciones que Marx realizó a través del análisis de situaciones históricas específicas, es posible dar con el conflicto como motor de la historia y, con ello, hallar una base antropológica de carácter negativo.

del individuo de mantenerse auténtico y coherente consigo mismo (Levine, 2012). A propósito de esta interpretación, es importante notar que la ley individual es un concepto usualmente analizado desde una perspectiva metafísica y que su aplicación a las RRII demanda una aproximación empírica novedosa.

El rescate del legado de los clásicos de la sociología y sus aportes a las RRII tiene un antecedente cercano en el libro *Les fondateurs oubliés. Durkheim, Simmel, Weber, Mauss et relations internationales* (*Los fundadores olvidados. Durkheim, Simmel, Weber, Mauss y las relaciones internacionales*) de Frédéric Ramel (2006). Este autor sostiene que en la disciplina de RRII los aportes sociológicos han sido dejados al margen, soslayando nociones que podrían ser de gran utilidad. Ramel se centra particularmente en cuatro pensadores: Simmel, Émile Durkheim, Max Weber y Marcel Mauss. De estos, probablemente sea Weber aquel que más relevancia logró en las RRII, sin embargo, el que más interesa a los efectos del presente libro es Simmel. Ramel subraya la importancia de la concepción simmealiana del conflicto como parte de un par antinómico que es elemento sustantivo de la realidad social. El conflicto no solo es irreducible, sino que también resulta importante para poder entablar relaciones de cooperación. Siguiendo a Simmel, Ramel señala que existe una "continuidad de naturaleza" entre los espacios internos y externos, por lo que el conflicto y la armonía existen en el plano internacional al igual que en el nacional. De este modo, habilita una lectura más dinámica de los fenómenos internacionales, ya que los polos de la cooperación y del conflicto se articulan en lugar de superarse. Este señalamiento del conflicto como un elemento positivo de la vida social tiene cierta compatibilidad con planteos recientes de Chantal Mouffe (2009), quien desde el realismo político defiende al conflicto como condición de posibilidad de la democracia, atribuyéndole una función de integración. En una tónica que recuerda en gran medida a Simmel, Mouffe (*Ibíd.*: 11) plantea: "[h]a habido pocos intentos por elaborar el proyecto democrático en base a una antropología que reconozca el carácter ambivalente de la sociabilidad humana y el hecho de que reciprocidad y hostilidad no pueden ser disociadas".

Los planteos de Ramel y Mouffe son sin lugar a dudas grandes disparadores para introducir a Simmel en la disciplina de las RRII. El presente estudio apunta a profundizar estas líneas de trabajo, ahondando en el pensamiento de Simmel y su posible utilidad para la disciplina de las RRII, y aplicando dichos desarrollos a un estudio de caso concreto. La filosofía dualista de Simmel, auto-conciente y sin pretensiones dialécticas, es, como ya se sugirió, una verdadera clave para una fundamentación sólida de la epistemología de las RRII. Esta, lejos de constituirse como una mera exquisitez filosófica, no solo es capaz de abrir un escenario realmente factible de pluralismo teórico, sino que también potencialmente podría cambiar la comprensión de algunas nociones básicas de las RRII. No es casual que uno de los más destacados pensadores de la disciplina de RRII, Raymond Aron, haya hecho eco del pensamiento de Simmel (Watier, 2005). Más aún, quizás es precisamente este uno de los motivos por los que Aron puede ser pensado como un autor "demasiado filosófico para las RRII" (Hassner, 2007: 498).

En virtud de lo expuesto más arriba, el argumento central de este libro es que el actual estado de la fundamentacion filosófica de las RRII no es totalmente satisfactorio y que el pensamiento de Simmel podría nutrir la discusión y brindar respuestas. Pues, reducir los fenómenos internacionales a sus elementos tendientes al conflicto o, alternativamente, a la paz, implica una simplificación innecesaria de una realidad de por sí compleja. A través de los conceptos simmelianos de formas de socialización, dualismo y ley individual, se pueden abordar los fenómenos internacionales de una manera más completa y cercana a la realidad, enriqueciendo tanto los desarrollos teóricos como las indagaciones prácticas que se enmarcan dentro de la disciplina de RRII. Es por ello que los objetivos planteados consisten en:

- Exponer el estado epistemológico actual de las RRII y dar cuenta de las líneas teóricas que prevalecen en la disciplina, mostrando el movimiento de alternancia que afecta a los diferentes paradigmas.

- Revisar críticamente aquel estado epistemológico y fundamentar en qué sentido la disputa por la hegemonía paradigmática, entre el liberalismo y el realismo, genera resultados insatisfactorios para el despliegue de la disciplina de las RRII.

- Presentar al pensamiento simmeliano y sus posibles aplicaciones a las RRII, enfocando primordialmente en aquellos puntos relacionados con el fundamento filosófico de la disciplina y la disputa entre liberalismo y realismo por el rol de *mainstream*.

Posiblemente las respuestas obtenidas en esta indagación no lleven a un cambio significativo en el modo de producir conocimiento en las RRII. De hecho, no es ese el espíritu que rodea a este libro. Más bien se apunta hacia una comprensión filosófica profunda de la *praxis* actual en las RRII. Si hoy en día es posible la convivencia de diferentes perspectivas e, incluso, el ideal del pluralismo teórico, ello no se debe solamente a que la visión liberal y la realista hayan celebrado un tácito pacto de fronteras temáticas que les permite compartir el espacio de la disciplina. Para que el movimiento pendular de los principales paradigmas de RRII haya durado tantas décadas, la visión compartida acerca del conflicto y la armonía como fenómenos simultáneos debe hallarse de algún modo en la base de la coexistencia de estos paradigmas, aun cuando no se explicite y existan límites tajantes que diferencian a un paradigma de otro.

En el capítulo 1 se pasará revista a los dos principales paradigmas de las RRII, *i.e.*, liberalismo y realismo. También, se dedicará una sección a la escuela inglesa, dada su cercanía a los planteos de Simmel. En el capítulo 2 se repasará la obra de Simmel, con especial foco en el dualismo, las formas de socialización y la ley individual. En dicho capítulo de desarrollará un apartado específico para abordar de forma teórica las posibles aplicaciones de las ideas de Simmel a las RRII. Luego, en el capítulo 3, se tomará un ejemplo histórico concreto, la Crisis de los Misiles Cubanos de 1962, para demostrar el carácter prolífico de la introducción de los planteos simmelianos en las RRII. Por último, se concluirá destacando los puntos más importantes del libro y planteando posibles interrogantes que en un futuro podrían investigarse para profundizar la discusión sobre la filosofía que se halla en la base de las RRII.

Capítulo 1. Las escuelas de las Relaciones Internacionales

En este capítulo se repasarán los elementos centrales de las tres escuelas de RRII seleccionadas por su relevancia para el presente estudio: el liberalismo, el realismo y la escuela inglesa. Las dos primeras son las escuelas más importantes de la disciplina y las que se han turnado en el rol de paradigma dominante en diferentes períodos, describiendo una suerte de dinámica pendular. La escuela inglesa, en cambio, ha tenido un rol más marginal, pero se incluye al final del capítulo debido a su marcada compatibilidad con los planteos simmelianos.

El objetivo del capítulo es resaltar los rasgos centrales de los paradigmas en cuestión, a fin de dar cuenta del movimiento pendular del realismo y del liberalismo en el rol de *mainstream* de la disciplina. Asimismo, se busca resaltar aquellos elementos de los paradigmas potencialmente relevantes para un análisis simmeliano de las RRII. El diálogo entre dichos elementos y la filosofía de Simmel se retoma en el capítulo siguiente, en un apartado específicamente dedicado a ello.

1 Liberalismo

El liberalismo es la escuela de RRII que pone el acento sobre la creación de consensos y la posibilidad de que los diferentes Estados que componen el sistema mundial logren dirimir sus diferencias sin la necesidad de entrar en guerra. Con diferentes matices y discusiones al interior de la propia escuela, el liberalismo se caracteriza por apostar a una antropología positiva. Ello no significa que el liberalismo no detecte y admita las relaciones de poder existentes entre diferentes Estados y actores de la esfera internacional (Walt, *op. cit.*), sino que considera que las disputas pueden dirimirse de manera no bélica. El poder existe, pero es una idea que se construye y puede modificarse, no es una constante ineludible de las RRII

(Dunne, *op.cit.*, 2004). Para el liberalismo, pues, las RRII no son necesariamente sinónimo de un juego de suma cero donde lo que un actor gana otro actor lo pierde (Moravcsik, 1997). Así, en lugar de enfocarse en el poder, el liberalismo estudia los incentivos, barreras y mecanismos para que la avenencia en las RRII sea posible.

El liberalismo tiene gran importancia dentro de las RRII. De hecho, el nacimiento formal de la disciplina de RRII se asocia al despliegue del pensamiento liberal durante la segunda década del siglo XX. En 1919, en la Universidad de Aberystwyth (Gales), se creó el primer Departamento de Política Internacional. En dicho departamento funcionó la cátedra Woodrow Wilson, en honor al Presidente de EE.UU., quien fuera uno de los mayores exponentes y promotores del liberalismo en RRII. Tanto la corriente del liberalismo como la disciplina de RRII surgieron en gran medida como respuesta a la PGM. A diferencia de otras guerras libradas con anterioridad, la PGM marcó un punto de inflexión por su carácter de *guerra total*[14]. Ello desveló complejos interrogantes acerca de la temática internacional y la consecuente necesidad de un pensamiento sistematizado para abordarla.

Dentro de las RRII, el liberalismo es considerado como la "alternativa histórica" al realismo (Dunne, *op. cit.*, 2004: 186), el otro gran paradigma de las RRII. Si bien el realismo ha ocupado en más ocasiones el rol de paradigma dominante dentro de la disciplina, el liberalismo "se ha encontrado ocasionalmente en ascenso, cuando sus ideas y valores lograron definir la agenda de las relaciones internacionales" (*Ibíd.*, traducción de la autora). A grandes rasgos, esos momentos fueron: el período de entreguerras comprendido entre 1919 y 1936, los primeros años luego de la SGM y la década de 1990 (*Ibíd.*). Durante el período de entreguerras, el ideal liberal se vio reflejado en la creación de la Sociedad de Naciones en 1919 y en la firma del Tratado sobre Renuncia a la Guerra —más conocido como Pacto Kellogg-Briand— en 1928, cuyos objetivos eran evitar las guerras y propiciar un espacio para la resolución de las disputas internacionales. Posteriormente, el surgimiento de la ONU tras la SGM fue un claro reflejo del pensamiento liberal en RRII. Finalmente, en la década de 1990, el fin de la Guerra Fría dio al

---

[14] Guerra total "es un término con el que se designa a las dos guerras mundiales del siglo veinte, no sólo por su escala global sino también por el objetivo de los combatientes de lograr la 'rendición incondicional' de los oponentes (...) Guerra total también significa la mobilización de poblaciones enteras —incluyendo mujeres trabajando en fábricas y en unidades auxiliares de defensa civil, y como paramilitares y paramédicos— como parte de una convocatoria total a todos los ciudadanos físicamente aptos en pos de la victoria" (Carruthers, 2005: 87, traducción de la autora).

liberalismo un momento de auge bajo la creencia del comienzo de un Nuevo Orden Mundial marcado por la supremacía de los valores occidentales como valores globales. Sin embargo, el devenir de la historia terminó desairando al liberalismo en cada uno de estos tres períodos. La Sociedad de Naciones fracasó rotundamente (Dunne, *op. cit.*, 2004: 192) y no logró evitar la SGM, la Guerra Fría marcó con claridad los límites de la cooperación internacional, y el ataque al *World Trade Center* en Nueva York el 11 de septiembre de 2001 abrió una nueva etapa de conflictos de dimensiones globales.

Más allá de los embates y la incapacidad de sostenerse por períodos prolongados como paradigma principal de las RRII, lo cierto es que al día de hoy el liberalismo conserva un gran peso dentro de la disciplina. Sus explicaciones siguen presentando potencial analítico, ya que en las RRII no todo es conflicto. Dichas explicaciones, lejos de constituir un bloque monolítico, son variadas y ponen el foco sobre diferentes aspectos capaces de explicar la cooperación en la esfera internacional. Sin embargo, las distintas ramas del liberalismo comparten algunos aspectos en común que permiten reconstruir el núcleo teórico del paradigma y dan cuenta de sus orígenes.

El liberalismo en RRII puede entenderse como una especificación de la corriente de pensamiento liberal en general. Sin ir más lejos, MacMillan (2007: 21, traducción de la autora) se refiere a esta corriente como "internacionalismo liberal", definiéndola como "la proyección del pensamiento y los principios políticos del liberalismo en el ámbito internacional". Previamente a la aparición del liberalismo en RRII, diferentes autores han contribuido al pensamiento político y económico desde una óptica liberal. De allí se desprenden algunas características fundamentales que encuentran eco en el liberalismo en RRII nacido en el siglo XX. Dentro del pensamiento clásico liberal, Kant es una de las figuras de más peso para el desarrollo del liberalismo en RRII. A través del tratado *La Paz Perpetua*, Kant (1998) incursionó en la teoría internacional sosteniendo la necesidad de abolir la guerra a través del trabajo conjunto de los Estados.[15] Rousseau, uno de los autores que también ha servido de inspiración para la corriente realista, dejó su impronta en el pensamiento liberal de RRII al considerar a la paz exterior como una condición para la existencia de la paz interior (Dunne, *op. cit.*, 2004).

---

[15] La naturaleza del trabajo mancomunado de los Estados propuesto por Kant ha sido motivo de discusiones académicas. Hay autores que sostienen que Kant se refería a la creación de una federación de Estados, mientras otros apuntan a una estructura menos compleja de asociación entre Estados (Easley, 2004).

En este contexto, el liberalismo en RRII opera bajo una analogía entre lo doméstico y lo internacional, que se desarrolla en múltiples niveles (*Ibíd.*: 187). En un primer nivel, existe una analogía entre los individuos y los Estados: "Como los individuos, los Estados tienen diferentes características –algunos son belicosos y propensos a la guerra, otros son tolerantes y pacíficos: en pocas palabras, la *identidad* de un Estado determina su orientación hacia el exterior–", (*Ibíd.*, cursivas en el original, traducción de la autora). En un segundo nivel, la analogía se plantea entre la organización interna de los Estados y el plano internacional, por ejemplo, en relación al rol que juegan en ambos casos las instituciones y el estado de derecho.

Así, provenientes de la corriente liberal general, valores tales como el individualismo, la tolerancia, la libertad, el constitucionalismo, y la fe en la razón y en el progreso, atraviesan al liberalismo en RRII (*Ibíd.*; Sterling-Folker, *op. cit*, 2006). A partir de esa base se construyen las características centrales del pensamiento liberal en RRII. Sterling-Folker (*Ibíd.*) identifica cuatro supuestos básicos compartidos por los autores inscriptos dentro del liberalismo en RRII. El primero es la consideración de que las posibilidades de cooperar se han incrementado gracias a la industrialización y la modernización, las cuales han configurado un mundo cada vez más comunicado. Segundo, los defensores del liberalismo en RRII reconocen que existen barreras para cooperar, por ejemplo, escenarios de información incompleta y desconfianza. Por ello, la cooperación no surge de manera espontánea. Relacionado con lo anterior, el tercer supuesto alude a la importancia de la comunicación y la información para sortear las barreras que afectan a la cooperación entre Estados. Finalmente, otro supuesto del liberalismo en RRII está relacionado con el rol de las organizaciones internacionales, pues se considera que estas juegan un papel relevante en las posibilidades de cooperación internacional. No obstante, es importante notar que no todas las ramas del pensamiento liberal en RRII le otorgan el mismo nivel de importancia a las organizaciones internacionales, como se verá más abajo.

Como complemento de lo anterior pueden considerarse también los aportes de Moravcsik (*Op. cit.*, 1997), quien propone otros tres supuestos fundamentales del liberalismo en RRII. En primer lugar está la primacía de los actores de la sociedad civil en la política internacional, quienes son representados por sus respectivos Estados. En general, estos actores presentan aversión a tomar riesgos y se organizan para resolver problemas de acción colectiva en contextos determinados. Es importante subrayar que existe competencia entre los diferentes actores de la sociedad civil y que la armonía no se da de manera automática, sino a partir de la existencia de incentivos para colaborar. Esta caracterización de las interacciones entre los diferentes actores remite a la fe en la razón y en el progreso propia del pensamiento liberal. El segundo supuesto se relaciona con el anterior en tanto establece que el Estado no es un actor *per se* en la política internacional, sino un representante de la sociedad civil doméstica. Los actores con preeminencia en la política interna serán aquellos cuyas preferencias en política exterior el Estado representará. Finalmente, el tercer supuesto refiere a la interdependencia entre los Estados, pues las preferencias de un Estado actúan como límites al comportamiento de los demás y viceversa. Esta situación habilitará los escenarios de negociación entre los diferentes Estados. Resumidamente, para la corriente liberal de RRII los individuos de la sociedad civil son los verdaderos actores en temas internacionales y los diferentes Estados negocian entre sí representando los intereses de ciertos individuos de sus correspondientes sociedades civiles.

Tanto la caracterización de Sterling-Folker como la de Moravcsik sintetizan a grandes rasgos el núcleo duro del liberalismo en RRII. A partir de allí surgen diferentes ramas de pensamiento que privilegian ciertos aspectos sobre otros y conforman perspectivas diferenciadas, aunque siempre dentro del abanico del liberalismo en RRII. Es decir, la adscripción a una rama de pensamiento no significa la negación de las demás, sino que es la priorización de una explicación por sobre otras. Siguiendo a Walt (*Op. cit.*, 1998) se pueden destacar tres ramas de pensamiento liberal en RRII: aquella que pone foco sobre la interdependencia económica entre los Estados, otra que hace hincapié en la relación entre paz y democracia y, finalmente aquella que destaca a las instituciones internacionales. Estas ramas de pensamiento vienen a explicar cómo se consigue la cooperación internacional.

El planteo de la *interdependencia económica* reposa en la lógica de que los Estados que comparten vínculos económicos son menos propensos a confrontar, ya que las hostilidades podrían ir en detrimento de sus riquezas y prosperidad (*Ibíd.*). Siguiendo a Robert Keohane y Joseph Nye, la interdependencia en general, incluyendo la económica, es considerada como una variable ya dada en el contexto internacional (Spindler, 2014). En un contexto de avanzada interdependencia, los Estados comparten vínculos comerciales, intereses medioambientales, intereses de seguridad, entre otros. Desde el punto de vista de la autonomía de los Estados, la interdependencia puede ser considerada un costo, pues pone límites a la capacidad de perseguir intereses egoístas. En dicho contexto, la cooperación emerge como la alternativa lógica; los Estados cooperan en carácter de egoístas racionales (*Ibíd.*). Así, "la interdependencia es dos cosas: la condición de posibilidad de la cooperación y la causa de que sea necesario cooperar" (*Ibíd.*: 64, traducción de la autora). El planteo de la interdependencia cobró fuerza en la década de los '70 debido a la creciente globalización. Hoy en día sigue siendo un concepto analítico de importancia en la disciplina de RRII, a pesar de ciertas críticas, entre ellas la pregunta por el origen de la interdependencia (*Ibíd.*: 68).

Por su parte, la *paz democrática* consiste en la idea de que los Estados democráticos son inherentemente más pacíficos que los Estados autoritarios. El argumento es que las democracias no libran guerras contra otras democracias, mientras que sí pueden entrar en conflictos bélicos con otros Estados no democráticos (Dunne, *op. cit.*, 2004). Ello es así porque las relaciones entre Estados democráticos y no-democráticos se acercan al estado de naturaleza hobbesiano[16] (Hasenclever, 2014). En tal contexto, los defensores de la paz democrática consideran que una de las herramientas para la paz mundial reside en la promoción de la democracia (Walt, *op. cit.*, 1998). Existen diferentes explicaciones sobre los motivos por los cuales las democracias mantienen relaciones pacíficas entre sí, aunque ninguna ha logrado establecerse de manera definitiva (Hasenclever, *op. cit.*, 2014). Las principales explicaciones tienen dos ejes: el sistema político (los gobernantes de las democracias deben tomar en consideración la voluntad del público general, que suele estar poco dispuesto a entrar en guerras) y la cultura política (las democracias comparten valores culturales, entre ellos el respeto por la libertad, la vida y la propiedad de los individuos, lo que las aleja de la idea de la guerra para resolver los conflictos que pudieran surgir) (*Ibíd.*). El argumento de la paz democrática ha suscitado numerosos debates y hoy en día sigue siendo motivo de indagación académica. Una de las críticas que se le ha hecho, basada en la evidencia empírica, señala que las conclusiones a las que llega el argumento de la paz democrática son solamente válidas para los años posteriores a 1945 (Walt, *op. cit.*, 1998).

Finalmente, una tercera rama del liberalismo en RRII desta-ca el rol de las instituciones internacionales en la construcción de una paz duradera. La idea detrás de esta corriente es que las instituciones internacionales permiten superar los comportamientos egoístas de los Estados, pues generan las condiciones apropiadas

---

[16] Para más detalles acerca del estado de naturaleza hobbesiano, ver la sección siguiente, "Realismo".

para una cooperación sostenida en el tiempo (Walt, *op. cit.*). Las instituciones internacionales dotan de reglas y predictibilidad a las interacciones entre Estados, y también facilitan el flujo de información y la posibilidad de monitorear la adhesión a las reglas establecidas (Fearon, 1998). La creación de las instituciones internacionales implica una cesión parcial de soberanía, en tanto existe un compromiso por parte de los Estados de respetar las normas que emanan de dichas instituciones. La premisa es que si todos los Estados cumplen con tales normas, el beneficio que resulta de ello es colectivo. Sin embargo, los efectos de las instituciones internacionales se ven limitados a la voluntad de los Estados de aceptar su responsabilidad internacional.[17] Dicha limitación debilita el planteo de esta rama del liberalismo en RRII. Otra crítica que se le imputa es la existencia de un déficit democrático en las instituciones internacionales, especialmente en relación al Consejo de Seguridad de Naciones Unidas (Dunne, *op. cit.*, 2004: 198).

Como se desprende de los párrafos anteriores, el liberalismo identifica diferentes elementos que hacen posible la existencia de relaciones pacíficas entres los Estados. Ello no significa, no obstante, una negación de las posibles hostilidades en el plano internacional. La falta de democracia, de libertades individuales, de comercio y/o de una gobernanza internacional capaz de mediar y hacer cumplir sus decisiones, puede traducirse en conflictos entre Estados e incluso desatar guerras (*Ibíd.*: 187). Cabe notar, no obstante, que si bien el liberalismo en RRII posterior a la SGM adquirió un cariz más pragmático y menos idealista en cuanto a las posibilidades de evitar las guerras (*Ibíd.*: 192; Korab-Karpowicz, 2013), lo cierto es que esta rama de las RRII sigue manteniendo su apuesta por la paz y convivencia. La armonía entre Estados es el elemento central de la corriente liberal en RRII.

2 Realismo

Dentro de las escuelas que componen a la disciplina de RRII, el realismo es la que más sobresale. El consenso de que ello es así es generalizado, aun entre aquellos que critican al realismo y lo toman como un modelo del cual diferenciarse (Sterling-Folker, *op. cit.*, 2006). Si bien en más de una ocasión se ha anunciado el fin del realismo, lo cierto es que los autores inscriptos en dicha escuela han

---

[17] "El término 'responsabilidad internacional' cubre las nuevas relaciones legales que surgen bajo la ley internacional a causa de los actos internacionales incorrectos cometidos por un Estado" (ONU, 2001: 32, traducción de la autora).

conseguido reposicionarla y seguir disputando el rol de *mainstream* dentro de las RRII (Dunne y Schmidt, *op. cit.*, 2004). Desde sus comienzos hasta la actualidad, el realismo ha sufrido cambios y ha dado lugar al surgimiento de diferentes ramas de pensamiento. Ello ha abonado no solamente el debate dentro de las RRII sino también dentro del propio realismo.

A la hora de definir el realismo es importante tener en cuenta la diferenciación entre la filosofía política de corte realista y el realismo académico propiamente dicho. La primera puede pensarse como la pre-historia del realismo. Esta es vasta y agrupa autores de gran peso como Tucídides, Maquiavelo, Hobbes y Rousseau, entre otros. El realismo académico, *i.e.*, el realismo como paradigma dentro de la disciplina de RRII, se ha nutrido ampliamente de estos autores. De hecho, se los señala explícitamente como pensadores de referencia a los que el realismo debe en cierto modo su andamiaje conceptual. De Tucídides, el realismo hace suya la concepción de *power-politics/Realpolitik* como cristal a través del cual analizar a las RRII. Tucídides es reconocido por su relato de la Guerra del Peloponeso, que incluye el Diálogo Meliano; la conclusión principal de este es célebre en la disciplina de RRII: "los fuertes hacen lo que su poder les permite hacer y los débiles aceptan lo que tienen que aceptar" (Tucídides, 1954: 361, traducción de la autora). Vale acotar que Tucídides no era un defensor del uso descontrolado del poder, pues consideraba que ello podía perjudicar no solamente al débil, sino también al propio poderoso en un futuro (Korab-Karpowicz, *op. cit.*, 2013). De este modo, el respeto por las normas éticas —la moderación— sirve tanto al interés de quienes ejercen el poder, como al de quienes son sometidos (Lebow, 2010). De Maquiavelo, el realismo retoma las consideraciones éticas acerca de las decisiones que deben tomar los líderes: el interés de la nación debe prevalecer ante todo. Ello habilita el planteo de una suerte de doble moral, a partir de la cual ciertos criterios se aplican para la toma de las decisiones domésticas, mientras que otros se aplican para la política exterior (Dunne y Schmidt, *op. cit.*, 2004). Para Maquiavelo, en política exterior es válido mentir y romper promesas. Con estos planteos, él fue quien verdaderamente logró introducir la amoralidad/inmoralidad en la filosofía política y es por eso que se lo puede señalar dentro de un pensamiento realista radical (Korab-Karpowicz, *op. cit.*, 2013). Hobbes, por su parte, contribuye al realismo con su concepción negativa acerca del hombre. Según Hobbes, el ser humano es egoísta por naturaleza y ello lo lleva a una lucha constante por el poder, que termina con la muerte o con la instauración de un soberano absoluto. El *estado de naturaleza* es un término acuñado por Hobbes para describir la lucha entre los individuos por el poder, en ausencia de una autoridad capaz de posicionarse por encima de ellos para ordenar sus relaciones; en RRII, el término anarquía describe lo mismo que el estado de naturaleza, pero para el contexto de las relaciones inter-estatales. Así, sin una autoridad que se posicione por encima de ellos, los Estados tienen una predisposición a disputarse el poder. No obstante, es interesante recalcar que Hobbes no niega la posibilidad de que se den relaciones más pacíficas y cooperativas entre Estados (*Ibíd.*). Finalmente, el aporte de Rousseau[18] se relaciona con las limitaciones a la cooperación que surgen a raíz de la desconfianza. En su conocida *parábola de la caza del ciervo*, Rousseau da cuenta de las tensiones entre los intereses individuales y el bien común, y los intereses a corto plazo y a largo plazo (Dunne y Schmidt, *op. cit.*, 2004). Inseguros de lo que hará el otro, los individuos se inclinan por satisfacer intereses individuales y de corto plazo. De ese modo anulan la posibilidad de cooperar para lograr un objetivo común. En las relaciones entre Estados, este tipo de comportamientos acota seriamente las acciones colectivas para la provisión de bienes comunes, como lo son la seguridad y el libre comercio (*Ibíd.*).

Los aportes de Tucídides, Maquiavelo, Hobbes y Rousseau, pueden englobarse en lo que más tarde se llamaría *doctrina de la razón de Estado*, que supedita la política exterior al objetivo principal de la supervivencia y la seguridad del propio Estado (*Ibíd.*: 162). Con base en estos y otros desarrollos de la filosofía política,[19] el realismo académico surge luego de la PGM, adquiriendo particular importancia en EE.UU. El realismo se posiciona como una respuesta crítica al liberalismo, corriente de pensamiento que ya había comenzado a mostrar sus limitaciones debido a un clima internacional de creciente hostilidad que desembocaría en la SGM.

El realismo es un paradigma basado en el conflicto (Korab-Karpowicz, *op. cit.*, 2013). Por ello, se despacha contra el carácter idealista y utópico del liberalismo. Como sugiere Schmidt (2005: 525, traducción de la autora), "[u]na de las principales críticas que la primera generación de realistas hizo a los intelectuales de la en-

---

[18] La inclusión de Rousseau dentro del grupo de autores que conforman la pre-historia realista ha suscitado algunos debates dentro de la disciplina de RRII. Es interesante en este sentido el aporte de Michael Bloch (2009), quien da cuenta de los matices del pensamiento de Rousseau respecto del realismo, calificándolo como un "realista metodológico".

[19] Otros autores de gran peso que pueden pensarse como parte de la pre-historia del realismo son Max Weber y Carl von Clausewitz (Lebow, 2010).

treguerras fue el haber negado el rol fundamental del poder en la política internacional". Para los realistas, el poder y la competencia existen en las relaciones entre Estados, y no pueden ser soslayados o minimizados (Dunne y Schmidt, *op. cit.*, 2004).

En este contexto, no es extraño que una de las características fundamentales del realismo sea poner el foco sobre la guerra, intentando explicar sus causas en tanto fenómeno recurrente en las RRII. Dentro del pensamiento realista, la guerra es un patrón de la política internacional, al punto de afirmar que las guerras son interrumpidas para dar lugar a períodos en los que se preparan las próximas guerras (*Ibíd.*). El realismo afirma que, tal como lo demuestra la historia, la guerra es una constante que se ha venido dando desde los últimos veinticinco siglos (*Ibíd.*), y que seguirá ocurriendo en el futuro.

Poder, competencia y guerra, son términos claves dentro del realismo. También son fundamentales las nociones de seguridad, anarquía y moral de doble estándar, más arriba introducidas. A partir de estos términos es posible reconstruir el núcleo duro del realismo, *i.e.*, las ideas que atraviesan a todo el arco académico realista. Dunne y Schmidt resumen al núcleo duro realista a través de tres grandes ideas: *estatismo* (*statism*), *supervivencia* (*survival*) y *auto-ayuda* (*self-help*) (*Ibíd.*).

El estatismo consiste en considerar al Estado como actor central de las RRII. Para el realismo, el Estado es la unidad básica de análisis.[20] En el Estado existe una instancia central que provee los bienes necesarios para que la comunidad pueda existir. Ello hace que dentro del Estado el problema del orden esté resuelto, a diferencia de lo que sucede en el plano internacional (*Ibíd.*). Dentro del Estado hay jerarquía, mientras que fuera la estructura organizativa que prima es la anarquía. En un marco de anarquía, el único principio que se respeta —o que tiene más probabilidades de ser respetado— es la soberanía; otros acuerdos son imposibles debido a la competencia entre Estados, los cuales se enfrentan entre sí en un contexto donde las ganancias son relativas (*Ibíd.*). Vale subrayar que el carácter relativo de las ganancias en RRII constituye un elemento de gran importancia para entender cómo se relacionan los Estados entre sí. El hecho de que las ganancias

---

[20] El Estado como concepto nació en la modernidad, con la celebración de la Paz de Westfalia en 1648. No obstante ello, se puede rastrear el estatismo realista en autores como Tucídides y Maquiavelo, para quienes el actor principal de las RRII eran la *polis* y la *ciudad-estado*, respectivamente (Dunne y Schmidt, 2004). Es decir, para el realismo y su pre-historia, la unidad política fundamental es el grupo como representación de la voluntad colectiva.

sean relativas necesariamente siembra un cariz de competencia en la política exterior de los Estados, pues no es suficiente obtener ganancias a partir de una determinada acción, sino que esta debe además mejorar la posición de poder del propio Estado en relación a los demás. Es así que los Estados en primer lugar organizan el orden dentro de sus límites, y luego se abocan a conseguir poder (relativo) en el plano internacional. La premisa es que a mayor poder, mayores son las chances de sobrevivir en un contexto de anarquía internacional (*Ibíd.*).

Por ello, la definición de poder ocupa un rol central dentro del realismo, aunque existen diferentes maneras de definir el concepto. "Algunos realistas definen el poder en términos de atributos mesurables, como la población de un país o las fuerzas militares, mientras que otros definen el poder de manera relacional como la habilidad de ejercer influencia sobre los actores del sistema internacional" (Schmidt, *op. cit.*, 2005: 527, traducción de la autora). A los ojos de algunos críticos del realismo, la definición de poder constituye un punto débil en el paradigma. La falta de acuerdo entre realistas acerca de lo que el poder significa, sumada al carácter bélico, materialista y estatista que la mayoría de las definiciones adoptan, hacen que la respuesta del realismo a la cuestión del poder sea considerada insatisfactoria (Dunne y Schmidt, *op. cit.*, 2004).

La importancia que el poder tiene para los Estados permite introducir a otra de las ideas del núcleo duro del realismo: la supervivencia. Se trata de la meta fundamental de todos los Estados, que se posiciona como precondición de cualquier otra meta a la que el Estado pueda aspirar (*Ibíd.*). En el marco de la anarquía, la supervivencia del Estado no está garantizada y es por ello que ocupa un lugar central en la definición del interés nacional. Para el realismo, la seguridad nacional está por encima de todos los demás temas de RRII (Sterling-Folker, *op. cit.*, 2006).

El desafío de la supervivencia del Estado en el marco de la anarquía internacional es clave para entender los planteos morales del realismo, algunos de los cuales se han esbozado *ut supra*. Para el realismo, la moral que guía al líder en la conducción de los asuntos internacionales debe ser distinta a la que se aplica al contexto interno. Así, "los líderes deben adoptar un código ético que juzgue a las acciones según su resultado, en lugar de juzgarlas de acuerdo a si el acto individual es bueno o malo" (Dunne y Schmidt, *op. cit.*, 2004: 176, traducción de la autora). La moral propuesta por Maquiavelo para actuar en los asuntos internacionales tuvo un gran impacto dentro del realismo. Henry Kissinger resultó ser uno de sus más fervientes continuadores, a partir de la idea la ética de la responsabilidad. Esta consiste en avalar la comisión de un acto inmoral, siempre que sea necesario para conseguir el bien mayor del propio Estado (*Ibíd.*). El único bien supremo es el Estado, con sus valores y creencias propias. Así, no existen valores morales universales, sino la moral de cada Estado. Desde luego, una concepción de relativismo moral como la que propugna la ética de la responsabilidad le resta previsibilidad a las relaciones entre Estados y aumenta la desconfianza en el plano internacional.

De este modo, se llega a la tercera idea núcleo del realismo, *i.e.*, la auto-ayuda. Dado que la desconfianza entre Estados mina las posibilidades de cooperación, la auto-ayuda es el principio de acción dentro del contexto de anarquía internacional (*Ibíd.*). Como se sugiriera más arriba a propósito de la influencia de Rousseau en el realismo, los Estados tienen serias limitaciones para cooperar entre sí, por lo que la auto-ayuda es la única posibilidad cierta que les queda para desenvolverse en sus relaciones con otros Estados. Así, en el plano internacional cada Estado solo puede contar consigo mismo y, consecuentemente, se defiende solo.

De la situación de auto-ayuda nace el concepto de *dilema de seguridad*. Este resume de manera sencilla la ironía de que los Estados, inseguros por la anarquía internacional, tienden a buscar cada vez más poder para protegerse, y ello a su vez genera un aumento de la sensación general de inseguridad en el plano internacional. Como resumen Dunne y Schmidt, "(...) en el curso de asegurarse su propia seguridad, el Estado en cuestión automáticamente alimentará la inseguridad de otros Estados" (*Ibíd.*: 175: traducción de la autora). Y es que, como respuesta, los otros Estados también aumentarán su deseo de ganar poder relativo y tomarán medidas concretas al respecto. El dilema de seguridad plantea un difícil desafío. Desde el realismo se sostiene que la salida que la historia ha demostrado al dilema de seguridad es el *balance de poder*: cuando un Estado adquiere poder al punto de constituirse como una amenaza para los demás, la reacción de estos será tomar las medidas necesarias para restablecer el equilibrio de poder preexistente. El objetivo del balance de poder es evitar que un Estado o coalición de Estados adquiera un poder tal que le permita dominar a todos los demás (*Ibíd.*). Si bien la historia ha demostrado que el balance de poder no es útil para desterrar totalmente al dilema de seguridad, lo cierto es que ha servido para mitigar sus consecuencias negativas en las relaciones entre Estados (*Ibíd.*).

Estatismo, supervivencia y auto-ayuda son las ideas que conforman el núcleo duro del realismo. A partir de ellas, se puede reconstruir la identidad del paradigma. No obstante, es menester reconocer que existen diferentes escuelas dentro del realismo, que se enfocan sobre distintas cuestiones del núcleo duro y dotan con su impronta propia a los conceptos clave. Es posible encontrar distintas clasificaciones acerca de las variantes del realismo. Una de las más aceptadas es la que sostiene la existencia de tres ramas: *realismo clásico, neorrealismo y realismo neoclásico.*[21]

El realismo clásico es aquel que refleja el pensamiento de los primeros realistas; *i.e.*, las ideas de los intelectuales que insertaron al realismo dentro de la disciplina de RRII durante el período de entreguerras. Su representante más reconocido es Hans Morgenthau, quien introdujo de lleno la cuestión del poder dentro del análisis de las relaciones entre Estados. El realismo clásico continúa la línea teórico-filosófica de la pre-historia realista. Uno de sus aspectos más destacados en ese sentido es la consideración de que las RRII son un reflejo de las relaciones entre humanos. Estas están permeadas por el miedo, la competencia, la guerra y la búsqueda de poder (*Ibíd.*). De este modo, las leyes objetivas que gobiernan las acciones de los hombres —las leyes de la naturaleza— se presentan como capaces de explicar cómo se desarrollan la política y la sociedad en general (*Ibíd.*). El Estado es entonces un actor egoísta, como lo es el propio ser humano, que busca el poder ilimitado por el afán de sobrevivir, pero también de dominar (Schmidt, *op. cit.*, 2005). La naturaleza humana se proyecta en la sociedad y es precisamente en la naturaleza humana donde hay que buscar la causa última de los conflictos entre Estados. De allí que la diferencia entre lo que ocurre en el plano doméstico y en el internacional sea de grado y no de tipo (Lebow, *op. cit.*, 2010).

A diferencia de otras corrientes, el realismo clásico da particular importancia a la cuestión de la filosofía moral. Para el realismo clásico, la pregunta por el orden y la justicia son materia de reflexión (*Ibíd.*). Y es que, el valor justicia dentro de las relaciones entre Estados dota de legitimidad a los actores que ejercen el poder, a la vez que los mantiene en una recomendable senda de moderación. A partir de los aportes de Tucídides y Maquiavelo, el realismo clásico recorre el camino conceptual que lo lleva a afirmar que las relaciones internacionales están atravesadas por la dinámica del *power politiks/Realpolitik*, lo que justifica que entre Estados exista agresividad (Dunne y Schmidt, *op. cit.*, 2004).

---

[21] Una manera alternativa para clasificar a las ramas del realismo consiste en realizar una periodización. De ese modo, se puede hablar de realismo clásico (hasta el siglo XX), realismo moderno (hasta fines de los '70) y neorrealismo (hasta la actualidad) (Dunne y Schmidt, *op. cit.*, 2004).

El neorrealismo, por su parte, evita explicar a las hostilidades entre Estados a partir de la antropología negativa. A diferencia de los realistas clásicos, los neorrealistas sostienen que la hostilidad tiene su origen en una característica estructural de las RRII, *i.e.*, la anarquía. Por ello se dice que cambia a la maldad por la tragedia (Schmidt, *op. cit.*, 2005). Los neorrealistas "(...) atribuyen la competencia por la seguridad y los conflictos inter-estatales a la falta de una autoridad central por encima de los Estados y a la distribución del poder en el sistema internacional" (Dunne y Schmidt, *op. cit.*, 2004: 169: traducción de la autora). De este modo, lo que sucede en el plano doméstico no resulta relevante para entender el conflicto entre Estados, pues la explicación está en la estructura anárquica de lo internacional. Es por ello que a esta corriente se la conoce también como realismo estructural.

El principal exponente del neorrealismo es Kenneth Waltz. Para Waltz es posible reconocer tres principios ordenadores del sistema internacional: la anarquía (entendida como descentralización), la soberanía (que hace iguales a las unidades políticas) y las capacidades[22] (que hacen que las unidades políticas sean diferentes entre sí) (*Ibíd.*). La forma en que estos tres principios ordenadores se combinan determina la tendencia a la guerra o la paz de los diferentes Estados, así como también las alianzas que tejen para lograr un balance de poder en el plano internacional (*Ibíd.*). Estos tres principios ordenadores modulan las acciones de los Estados en la lucha por el poder internacional.

Es importante notar que al interior del neorrealismo existen dos corrientes diferenciadas que intentan iluminar la cuestión de la búsqueda de poder por parte de los Estados. Los *neorrealistas defensivos*, como es el caso de Waltz, sostienen que el poder debe buscarse para garantizar la supervivencia del Estado, siempre que la búsqueda de poder no alimente al dilema de seguridad al punto de quebrar el balance de poder existente (*Ibíd.*). Por otro lado, los *neorrealistas ofensivos*, con John Mearsheimer como uno de sus principales exponentes, también consideran que los Estados deben hacerse de poder para garantizar su supervivencia. Sin embargo, para ellos el *status quo* no existe en tanto siempre existen Estados que cumplen un rol revisionista. Es por ello que

---

[22] Waltz introdujo el concepto de *capacidades* como una suerte de noción superadora del concepto de *poder* dentro de las RRII. Sin embargo, se trata de una definición ciertamente imprecisa, que no difiere mucho de algunas definiciones de poder de otros autores realistas. Las capacidades son, en definitiva, los atributos del Estado, por ejemplo, su territorio, economía, estabilidad política, etc. (Schmidt, 2005).

la búsqueda de poder no debe cesar, pues el equilibrio de poder está de por sí amenazado (*Ibíd.*). De ese modo, "el mejor camino para sobrevivir en un sistema anárquico y de auto-ayuda es acumular más poder que ningún otro" (Schmidt, *op. cit.*, 2005: 541, traducción de la autora).

Finalmente, es importante repasar las características de la tercera rama del paradigma realista: el realismo neoclásico. En este se puede ver una suerte de combinación de las dos ramas mencionadas previamente, debido a que explica al fenómeno internacional a partir de atributos sistémicos, pero también a través de características domésticas propias de cada Estado (Dunne y Schmidt, *op. cit.*, 2004). Este posicionamiento lleva a que algunos autores relativicen el peso del realismo neoclásico, considerándolo un derivado del realismo clásico y del neorrealismo, en lugar de una rama autónoma dentro del realismo (Sterling-Folker, *op. cit.*, 2006). Para el realismo neoclásico, la anarquía, *i.e.*, la estructura de las relaciones entre Estados, no alcanza para explicar la lucha por el poder que ocurre en el plano internacional. Las particularidades de lo doméstico deben ser tenidas en cuenta, ya que a diferencia de lo que plantea el neorrealismo, los Estados no son unidades indiferenciadas. Así, lo doméstico media entre la distribución del poder internacional y la política exterior adoptada por cada Estado (Dunne y Schmidt, *op. cit.*, 2004). Por ejemplo, las características subjetivas del líder de un Estado –que moldean cómo percibe el poder de su Estado– pueden explicar que éste se posicione internacionalmente como un Estado a favor del *status quo*, o alternativamente, como revisionista del orden vigente (*Ibíd.*). Otra variable doméstica que debe ser tenida en cuenta es la estructura y la *fortaleza del Estado* (*state strength*). La fortaleza del Estado consiste en la capacidad que tiene cada Estado de movilizar sus recursos para ponerlos en función de un fin particular, es decir, no son los recursos en sí, sino la disponibilidad de estos (*Ibíd.*). Finalmente, también los intereses del Estado se encuentran entre las particularidades de lo doméstico que deben ser tenidas en cuenta para comprender lo que sucede en el nivel internacional (Schmidt, *op. cit.*: 2005).

Cabe mencionar que, además de las tres corrientes principales del realismo, existen otras ramas con identidad definida. El caso del *realismo de la elección racional* (*rational choice*) es de particular interés, ya que muestra algunos puntos de contacto con planteos propios de la órbita liberal (Dunne y Schmidt, *op. cit.*, 2004). El realismo de la elección racional sostiene que los Estados son unidades racionales que buscan maximizar su utilidad. Por ello, en ocasiones los Estados cooperan con otros Estados, plasmando esas relaciones en instituciones internacionales (*Ibíd.*). Dichas instituciones les reportan mayores beneficios que los que una confrontación con otros Estados podría garantizarles. Vale subrayar, no obstante, que para esta corriente realista la anarquía está siempre presente y plantea un manto de dudas sobre los acuerdos entre Estados (*Ibíd.*). Así, la cooperación es posible, siempre que resulte una elección racional para los Estados. Además del realismo de la elección racional, se pueden mencionar los aportes de Mouffe (*Op. cit.*, 2009). Más enfocada sobre la teoría política, pero también con algunas contribuciones a las RRII, Mouffe aborda la cuestión del conflicto como un elemento integrador (*Ibíd.*). Admitir el conflicto y encauzarlo en una relación de *agonistas*[23] (adversarios legítimos) es lo que garantiza el pluralismo, permitiendo que se alcance un consenso conflictual entre los actores (*Ibíd.*). Siguiendo a Carl Schmitt, señala que la ausencia de un pluralismo efectivo genera contextos de hostilidad absoluta, tanto a nivel de los Estados como en el contexto internacional (*Ibíd.*: 87). En el planteo de Mouffe las instituciones tienen un papel fundamental: son las arquitecturas que permiten que el conflicto se curse de manera sustentable (*Ibíd.*). Es decir, las instituciones no extinguen el conflicto, sino que permiten que se desarrolle para eventualmente producir integración.

Para finalizar, luego del repaso de las características principales de las distintas ramas de la escuela realista, es importante destacar que su núcleo central no se modifica aun cuando existan diferencias entre los diferentes autores representantes de la escuela. Así, lo fundamental es que el Realismo es un paradigma basado en el conflicto. Su identidad radica en considerar que en las relaciones entre Estados el conflicto primará, no obstante los beneficios que pueda reportar la cooperación.

3 Escuela inglesa

La escuela inglesa se conforma a partir de los aportes de diversos autores —no todos ellos ingleses— con el objetivo de generar en las RRII una mirada más holística e integrada que la del resto de los paradigmas (Buzan, *op. cit.*, 2001). A diferencia de las otras dos escuelas que aquí se han revisado, la escuela

---

[23] Mouffe distingue el término "agonista" de "antagonista". El antagonismo caracteriza a los conflictos entre enemigos absolutos, lo que remite a la noción simmeliana de "guerra de exterminio" (*cfr.* 54). A diferencia del agonismo, el antagonismo no cumple un rol social integrador.

inglesa no es un paradigma de los más influyentes en RRII, ni tiene una narrativa fundacional tan clara como la del realismo y el liberalismo. De hecho, existen marcadas discrepancias a propósito de cuáles son sus autores de más peso, algo no menor teniendo en cuenta que la definición de los autores principales necesariamente implica definir las temáticas centrales de la escuela (Linklater y Suganami, 2006).

A grandes rasgos, es posible encontrar dos versiones acerca del origen y los autores principales de la escuela inglesa (*Ibíd.*: 15). Una es aquella que pone el foco sobre el núcleo intelectual del Departamento de Relaciones Internacionales de la *London School of Economics* (LSE) durante los años '50 y '60. En esta versión, el especialista en derecho Charles Manning resulta una figura central. La otra narrativa destaca como plataforma de desarrollo de la escuela inglesa al *British Committee on the Theory of International Politics* (en adelante *British Committee*), fundado en 1959 por la *Rockefeller Foundation* como institución en espejo del *American Rockefeller Coommittee*, del que formaron parte Morgenthau y Waltz, entre otros. En el marco del *British Committee,* Herbert Butterfield, Marting Wight y Hedley Bull son considerados los autores más destacados.

Sin embargo, más allá de las versiones divergentes acerca de su origen y principales representantes, existe una identidad común de escuela inglesa. Paradójicamente, ello se debe en gran medida a un artículo escrito por Roy E. Jones en 1981 en el que, criticando a autores clave de la escuela, este llamaba al "cierre" de esta. A partir de dicho artículo, titulado "The English school of international relations: a case for closure" ("La Escuela Inglesa de relaciones internacionales: una argumentación para su cierre"), se dio en los ámbitos académicos una toma de conciencia respecto de la existencia de la escuela inglesa de RRII. Por ello, siguiendo a Linklater y Suganami (*Ibíd.*: 12, traducción de la autora), se puede decir que "la idea de la Escuela Inglesa tiene en sí unos veinte años de antigüedad".

La intención de generar una "gran teoría" (*grand theory*) es posiblemente uno de los rasgos más marcados y constantes de la escuela inglesa. Como señala Buzan, la escuela inglesa es "un potencial camino para desafiar la fragmentación teórica que aqueja a las RRII, y de sentar las bases para un retorno a la gran teoría" (Buzan, *op. cit.*, 2001: 471, traducción de la autora). Se trata de una tercera vía entre el realismo y el liberalismo (*Ibíd.*: 476), que toma algunos elementos de estas escuelas y añade sus propios conceptos, bajo el entendimiento de que esa pluralidad es precisamente la que permite dar cuenta de la complejidad del fenómeno internacional y desentrañarlo. Desde luego, la incorporación de conceptos del realismo y el liberalismo se da con un espíritu crítico y marcado por la impronta propia de la escuela inglesa. Sería incorrecto pensar a la escuela inglesa simplemente como una versión modificada del realismo o del liberalismo (Sterling-Folker, *op. cit.*, 2006).

En este contexto, otro de los elementos que da coherencia a la escuela es su tradición de investigación pluralista basada en la *comprensión* (*Verstehen*), modo de acceso al conocimiento popularizado por Max Weber, pero inspirado por la obra simmealiana.[24] Es por ello que se señala que la escuela inglesa sostiene una perspectiva clásica, que trasciende el racionalismo del realismo y el liberalismo (Dunne, 2010). Se trata de una perspectiva que busca definir conceptos y teorizar sobre sus relaciones, y que no solo busca entender los fenómenos en cuestión sino también proponer acciones para modificarlos, demostrando una vocación normativista. Esta perspectiva clásica recoge aportes de la filosofía, el derecho y la historia (*Ibíd.*). Dicho espíritu multidisciplinario estuvo presente desde el principio, tal como se trasluce en la composición profesional del *British Committee*: historiadores, filósofos, expertos en RRII, diplomáticos y otros funcionarios públicos formaron parte de este (Diez, 2013).

El pluralismo que atraviesa a la escuela inglesa se traduce en la influencia de tres cosmovisiones/ideas sobre la política mundial, que conviven y permiten analizar los diferentes escorzos de la realidad de las RRII. Estas tres tradiciones son el *realismo maquiavélico/hobbesiano*, el *revolucionismo kantiano* y el *racionalismo grociano* (Devlen *et al.*, 2005). La influencia realista en la escuela inglesa se aprecia en el reconocimiento de la existencia del conflicto, en el marco de un orden anárquico donde los Estados –actores centrales de las RRII– pugnan por el poder en pos de su interés nacional (Diez, *op. cit.*, 2013). Del revolucionismo (o liberalismo, como se lo suele conocer) la escuela inglesa toma la posibilidad de que se puedan dar acuerdos y diálogos entre personas de diferentes Estados que comparten ideas, ideologías o intereses (Devlen *et al.*, *op.*

---

[24] El término comprensión –también conocido como interpretación o *Verstehen*– se asocia comúnmente a Max Weber, quien la postuló como el método de la sociología en tanto busca elucidar el significado de las acciones humanas (Soeffner, 2004). La comprensión aparece en contraposición a la *explicación*, método que busca causalidades y se enfoca en procesos científicamente observables (Ibíd.). Existen debates acerca de cuáles son los autores en los que se ha inspirado Weber para desarrollar la noción de comprensión. Francisco Gil Villegas (1986), experto en la obra weberiana, subraya la influencia de Simmel basándose en escritos de 1905 del propio Weber.

cit., 2005). Por su parte, la influencia del racionalismo grociano es aquella que tiene mayor relevancia para la escuela inglesa, en tanto permite reconstruir la idea de una sociedad internacional que no es ni tan conflictiva como la del realismo, ni tan utópica como la del liberalismo (*Ibíd.*; Linklater y Suganami, *op. cit.*, 2006); y en la que el derecho juega un papel relevante (Ramel, 2012)

Para entender de qué se trata el racionalismo grociano, es preciso remontarse a los aportes de Hugo Grocio, jurista del S. XVII reconocido por sus contribuciones al campo del Derecho Internacional. Grocio postuló que "a pesar de la ausencia de una autoridad superior, las relaciones entre soberanos están sujetas a límites legales" (Linklater y Suganami, *op. cit.*, 2006: 35, traducción de la autora). Con ello abonó el terreno para el surgimiento de la noción de *sociedad internacional* (*Ibíd.*). Tal como sugiere Cutler (1991), Grocio no fue el único en abordar las relaciones entre los Estados territoriales que estaban emergiendo en Occidente, pero su mérito fue ser el primero en hacerlo de manera sistemática. Grocio asimiló los Estados a los individuos, destacando el componente social presente en ambos. En ese marco, concibió al conflicto en las relaciones inter-estatales como una posibilidad, mas no como una situación que necesariamente ocurriría (*Ibíd.*). Es más, según Grocio el fenómeno de la guerra era funcional al objetivo de la preservación de la vida (*Ibíd.*).

Las ideas de Grocio sobre una sociedad internacional donde tanto la cooperación como el conflicto se hacen presentes explica el porqué de la tendencia a posicionarlo como un pensador en una línea media entre Hobbes y Kant, y fuertemente emparentado con la escuela inglesa. No obstante, respecto de lo último es menester considerar un matiz: un hilado conceptual más fino lleva a pensar a la escuela inglesa como heredera de los desarrollos del racionalismo grociano, pero con algunos cambios. Es por ello que algunos autores establecen una diferencia entre Grocio y los neo-Grocianos (Cutler, *op. cit.*, 1991; Linklater y Suganami, *op. cit.*, 2006). La corriente neo-Grociana sería la más compatible con las ideas de la escuela inglesa. A diferencia de Grocio, los neo-Grocianos rechazan –con diferentes niveles de intensidad– el derecho natural como base reguladora de la sociedad internacional: "[l]a tradición Grociana pregona la existencia de una sociedad basada en el derecho natural, aceptando normas, estándares y valores de aplicación universal. La tradición neo-Grociana, en contraste se ha desprendido en gran medida de las leyes naturales como orígenes de la sociedad y ha adoptado un posicionamiento positivista, más relacionado con el realismo y la tradición clásica" (Cutler, *op. cit.*, 1992: 62, traducción de la autora). Esta influencia neo-Grociana se refleja en la escuela inglesa, que sostiene que las instituciones que permiten la existencia de un orden en el plano internacional son la diplomacia, el balance de poder y las leyes internacionales (Devlen *et al.*, *op. cit.*, 2005). Un grociano puro apuntaría al derecho natural como base de la convivencia en la sociedad internacional.

El concepto de sociedad internacional es uno de los más importantes de la escuela inglesa; su desarrollo al interior de dicha escuela no ha estado exento de discusiones y divergencias, en especial en torno a las causas que permiten que la sociedad internacional surja y se mantenga en el tiempo. La corriente *pluralista* es aquella que sostiene que la sociedad internacional funciona gracias a la existencia de reglas. Los Estados adhieren libremente a dichas reglas para gozar de los beneficios de un orden internacional en el que la soberanía, la diplomacia y la no-intervención están garantizados (Dunne, *op. cit.*, 2010; Buzan, *op. cit.*, 2001). Los *solidaristas*, en cambio, explican a la sociedad internacional a partir de la existencia de normas morales compartidas, que llevan a que colectivamente se vele por el cumplimiento de los arreglos institucionales internacionales y de los derechos humanos (*Ibíd.*).

Sin embargo, la sociedad internacional no es el único concepto de peso en el pensamiento de la Escuela Inglesa. Existen también las ideas de un *sistema internacional* y de una *sociedad mundial*, que tienen sus características propias bien definidas, pero en algunos matices se superponen con la noción de sociedad internacional (Bellamy, 2007). En un extremo, el sistema internacional es aquel que se da a partir de la interacción regular de los Estados entre sí, de modo tal que un Estado toma en consideración las acciones de los demás para delinear las propias (*Ibíd.*). No hay acuerdos institucionales internacionales, sino una mera inclusión de los demás Estados en los cálculos de acción de cada Estado particular. Por ello se puede pensar al sistema internacional asociado a una concepción de *power-politics/Realpolitik*. En el extremo opuesto, la sociedad mundial describe la interacción de la totalidad de las partes de la comunidad humana, a partir de intereses y valores compartidos (*Ibíd.*). A diferencia de los planteos del sistema internacional y de la sociedad internacional, en la sociedad mundial la unidad de análisis son los individuos –idealmente toda la población mundial–, no los Estados con sus respectivos arreglos institucionales internacionales. La idea de sociedad mundial refleja un planteo universalista-cosmopolita (Buzan, *op. cit.*, 2001). Es claro que sistema internacional y sociedad mundial compatibilizan con el realismo y el liberalismo, respectivamente, reforzando la noción de que la escuela inglesa registra influencias de los dos paradigmas principales de RRII.

Hasta aquí se han resumido algunos puntos fundamentales que hacen a la historia y contenidos de la escuela inglesa. Si bien al interior de esta se dan matices y conviven narrativas encontradas respecto de sus orígenes, es innegable que la escuela inglesa efectivamente existe con una identidad definida y aporta un valor a la teoría de las RRII. En el capítulo siguiente, tanto estas consideraciones sobre la escuela inglesa, como así también nociones relativas al liberalismo y al realismo, serán retomadas a la luz de las ideas simmealianas.

Capítulo 2. El pensamiento de Georg Simmel: una interpretación desde la problemática de las Relaciones Internacionales

El presente capítulo se propone presentar el pensamiento simmeliano en general, y en particular, aquellas aristas que resultan interesantes a los efectos de realizar un aporte teórico-metodológico a las RRII.

Si bien los aportes de Simmel a la filosofía y a las ciencias sociales son vastos y variados, lo cierto es que el autor aún resulta desconocido entre un gran número de académicos. Ello responde al hecho de que Simmel no logró constituirse como un clásico en ninguna de las esferas del pensamiento en las que orbitó, ello incluso a pesar de ser posiblemente el fundador de la sociología en Alemania (Frisby, 1993). Dado este panorama, el presente capítulo comienza con una pequeña reseña biográfica de Simmel. Esta cumple el doble propósito de informar acerca de un pensador que para algunos aún resulta ignoto y, a la vez, provee ciertas claves que podrían explicar aquel parcial anonimato de Simmel en las ciencias sociales. Pues, contra todo argumento de objetividad valorativa y funcionamiento meritocrático de la academia, la biografía de Simmel es verdaderamente significativa para entender la recepción y circulación de su obra. No es casual que la recapitulación de la vida de Simmel aparezca de manera sistemática en diferentes publicaciones que explican y comentan la obra del autor. En ese sentido, la incorporación de su biografía a este libro no es un elemento marcadamente original, pero sí necesario.

Una vez presentado el autor y su contexto de producción, el capítulo continúa con un repaso general de la obra simmeliana. Se estudian las influencias distinguibles en Simmel, así como también aquellos conceptos que dan identidad a sus escritos. La distinción entre *forma* y *contenido*, el dualismo metodológico, la ley individual y su particular concepción de la sociedad y de la sociología, forman parte de este grupo de nociones fundamentales. Con respecto al posible vínculo entre los desarrollos simmelianos y las RRII se despliegan con particular énfasis las temáticas del dualismo y del conflicto como una *forma de socialización* que, al igual que la armonía, es clave para que pueda existir lo social.

1 El contexto de producción y recepción de la obra de Simmel

Georg Simmel nació en Berlín en 1858. Fue el hijo más pequeño de una familia de comerciantes de origen judío convertidos al cristianismo; su padre había optado por el catolicismo, mientras que su madre practicaba el evangelismo. Simmel fue bautizado dentro del culto evangélico, religión que abandonó formalmente en el contexto de la PGM, poco antes de su muerte en 1918 (Mundo, 2010). A pesar de no profesar la religión, la herencia judaica le generó a Simmel inconvenientes para ascender en la profesión académica. Tal como sugiere Daniel Mundo (2010, *op. cit.*: 12), "Simmel terminó ocupando el rol de un tipo social específico, el del judío decimonónico, un ser desarraigado (...) que deseaba pertenecer a una sociedad que no dejaba de estigmatizarlo y de practicar múltiples maneras de rechazo y de exclusión". Existen documentos e intercambios epistolares de la época, donde diferentes personalidades del mundo académico hacen referencia al antisemitismo que afectó negativamente el despliegue profesional de Simmel en el mundo universitario. Quizás el ejemplo más craso de esta situación sea el rechazo de su candidatura docente por parte de la Universidad de Berlín en 1908. Uno de los jurados a cargo de evaluar la postulación, el historiador Dietrich Schäffer, escribió sin empacho: "[s]i el Profesor Simmel ha sido bautizado o no, es algo que no sé, y que tampoco deseo preguntárselo. Él es israelita de parte a parte, en su aspecto externo, en su comportamiento y en su espíritu" (Beriain, 2000: 11-12). Para Schäffer no solo era insoportable la herencia judaica de Simmel, sino también algunas actitudes, como el permitir la presencia de mujeres y europeos del Este en sus clases (Watier, *op. cit.*, 2005). Vale acotar que Schäffer oficia aquí solo de ejemplo, pues los sentimientos antisemitas eran parte del medio político y académico en general dentro de la Alemania de Simmel (Beriain, *op. cit.*, 2000). Sin ir más lejos, Werner Sombart y Gustav von Schmoller también pueden mencionarse: "(...) entre otros, ellos veían en Simmel a alguien que formaba parte del judaísmo, que se parecía físicamente, y pensaba como judío" (Vernik, 2012: 159). El antisemitismo que afectó a la carrera de Simmel tuvo incluso consecuencias *post mortem*, que pueden evidenciarse en la quema de sus libros y en la confiscación de su obra póstuma por parte del nazismo (Beriain, *op. cit.*, 2000.).

Sin embargo, para comprender la posición marginal de Simmel dentro de la academia, no basta detenerse en el antisemitismo en ascenso de la Europa de comienzos del siglo XX. Desde el inicio, su carrera académica estuvo signada por un estilo muy particular. Este se reflejó tanto en la selección de sus temas de investigación, como en la manera de abordarlos, combinación esta última que le valió numerosos rechazos por parte de sus colegas. De manera original, Simmel utlizaba las analogías como método de estudio de los fenómenos formalmente afines, siendo especialmente útiles para el análisis de los objetos sociales (Lewkow, 2016). En tal sentido, es posible hablar de un formalismo en Simmel, ya que la condición de posbilidad de las analogías es la igualdad formal entre los elementos estudiados (*Ibíd.*). Simmel, además, escogía objetos de indagación inusuales y con aparente poca relación entre sí. Así, su obra adquirió una apariencia fragmentaria, apartada de los problemas por lo que se preguntaba la comunidad académica de su época (Frisby, *op. cit.*, 1993). Esto, lejos de ser un capricho, respondía a sus definiciones teóricas y filosóficas en relación a los objetos de las ciencias sociales, donde el acento estaba puesto en los contenidos dinámicos de la vida social, tomados como *partes* capaces de reflejar al *todo*, posicionamiento este último que sirve de defensa frente a las acusaciones de relativismo y microsociología. Asimismo, Simmel escribía con un estilo ensayístico, alejado de los estándares que por aquel entonces atravesaban a las ciencias sociales.[25] Tal como resume Mundo (*op. cit.*, 2010: 12), "[e]l eclecticismo en lo que investigaba como en la manera de hacerlo le complicó el ingreso a un sistema de promoción universitario ya de por sí vetusto y burocrático. Para colmo, tenía ascendencia judía".

De este modo, puede decirse que la obra simmeliana se alejó del empirismo y la construcción sistemática del saber, apuntado a un "relativismo positivo y constructivo" (Rammstedt y Cantó i Milà, 2007: 115), que no debe ser confundido con un escenario de total flexibilidad a la hora de desarrollar una tarea en ciencias sociales. Complementando aquello que ya se mencionó en la introducción

---

[25] Cabe recordar que el paradigma metodológico imperante era el de las ciencias naturales, que irradiaba su método científico a los demás campos del saber.

como un coto al nivel de relativismo en Simmel, Levine (2012, *op. cit.*: 28) sostiene que "[a]sí como Simmel puede decirse el primer filósofo (junto a Dilthey) en impulsar una posición que se ha denominado pluralismo metodológico (Levine, 1989), esto no implica el sostenimiento de una posición de absoluto relativismo, en la que cualquier construcción hermenéutica sería igual de válida que otra". Queda claro que Simmel inauguró una perspectiva novedosa y alejada del cientificismo, pero no por ello, carente de rigurosidad. Como sostiene Vernik, se trató de "(…) una perspectiva relativista, relacional y *científica*" (*Op.cit.*, 2003: 18, cursivas en el original).

Cabe poner de resalto que, no obstante su peculiaridad a la hora de enfrentarse a los objetos de investigación, Simmel no fue un intelectual encerrado en sus propias ideas (*Ibíd.*), pues a lo largo de su carrera participó de intercambios con reconocidos académicos, como son Durkheim, Weber, Ferdinand Tönnies y representantes del neokantismo. Ello, de todos modos, no lo ayudó a la hora de integrarse formalmente a la academia alemana. Quizás el ejemplo más claro sea el hecho de que recién logró conseguir un puesto de profesor titular en 1914, cuando fue aceptado por la Universidad de Estrasburgo para hacerse cargo de una cátedra de filosofía, pocos años antes de morir. Simmel había intentando en numerosas ocasiones formar parte de la academia de Berlín, pero finalmente tuvo que contentarse con su lugar en Estrasburgo, una universidad que podría considerarse de menor jerarquía y pujanza que las del medio berlinés.

Resumidamente, la historia de las decepciones académicas de Simmel comenzó en sus años de juventud, cuando en 1880 su propuesta de tesis doctoral *–Estudios psicológicos y etnográficos sobre la música–* fue rechazada y tuvo que presentar un análisis más conservador titulado *Das Wesen der Materie nach Kant's Physischer Mondadologie*,[26] un estudio con el que el año anterior había obtenido un premio (Vernik, 2009). Luego de obtener su doctorado, Simmel continuó trabajando sobre Kant, lo que le permitió obtener el cargo de *Privatdozent* (Profesor Asistente) en la Universidad de Berlín en 1885, que no tenía un salario fijo sino que dependía del dinero aportado por quienes asistían a sus conferencias. En 1901 logró acceder también al puesto de *Außerordentlicher Professor* (Profesor Colaborador) en esa misma universidad. Sin embargo, seguía sin percibir un sueldo de manera regular. Durante los

---

[26] Dado que hasta el momento no se ha publicado una traducción al español de la obra, existen diferentes traducciones del título. Siguiendo a Vernik (2009: 14), se la puede traducir como *La esencia de la materia en la monadología física de Kant.*

primeros años de carrera, esta situación era sostenible debido a una pequeña herencia con la que contaba Simmel, pero lo cierto es que con el correr del tiempo su situación económica se había deteriorado y tuvo que recurrir al dictado de clases y conferencias privadas para poder subsistir. Fue así que Simmel intentó obtener en diferentes ocasiones la titularidad de una cátedra en la capital alemana, encontrando en cada caso oposiciones a su postulación. El primer rechazo por parte de la Universidad de Berlín ocurrió en 1898 y el segundo en 1901. Luego vendría el turno de las negativas en la Universidad de Heidelberg, donde ni el apoyo de Max Weber en 1908 y ni el de Heinrich Rickert en 1915, le alcanzaron para conseguir una cátedra. En síntesis, así como Berlín sirvió de fuerte estímulo para el pensamiento simmeliano gracias a su modernidad y dinamismo, también tuvo sus efectos negativos, relegando a Simmel a una suerte de marginalidad respecto de la comunidad académica de su tiempo.

De todos modos, ello no menoscabó lo prolífico de la obra simmeliana, que incluye libros de carácter más bien académico (a pesar de su estilo ensayístico), y también publicaciones en medios de circulación general. Como señala Mundo (*Op. cit.*, 2010: 13), "[f]rente al rechazo persistente con el que Simmel se topaba para entrar en el mundo universitario se vio obligado a colaborar con asiduidad en revistas culturales y periódicos".

Es ciertamente difícil determinar qué obra de Simmel se destaca por sobre las demás, pues en cada una de sus intervenciones escritas es posible encontrar un fragmento significativo de su pensamiento. No obstante, es posible mencionar *Filosofía del Dinero* (1900), *Sociología. Estudio sobre las formas de socialización* (1908), *Cuestiones Fundamentales de Sociología* (1917) e *Intuición de la vida: cuatro capítulos sobre metafísica* (1918) como algunos de sus aportes de más peso. Estos reflejan la amplitud temática del autor y su arrojo a la hora de desafiar el estándar de especialización en el ámbito académico. De hecho, Simmel se consideraba a sí mismo un filósofo (Frisby, *op. cit.*, 1993,), lo que es una muestra más de su inclinación ecléctica en los temas investigados. Simmel pensaba a su labor en el área de la sociología como una tarea que debía llevar adelante, pero que no era definitoria de su identidad intelectual. Él afirmó "es un tanto doloroso para mí advertir que solamente se me conoce en el extranjero como sociólogo, cuando lo que soy en realidad es filósofo (...) solamente me ocupo de la sociología como disciplina subsidiaria" (*Ibíd.*)

En una periodización simplificada de su obra, puede decirse que Simmel en sus comienzos tuvo contactos con el evolucionismo y el positivismo (Vernik, *op. cit.*, 2003).[27] Sin ir más lejos, sus primeros escritos tuvieron relación con las ideas de Herbert Spencer[28] y Charles Darwin[29] (Frisby, *op. cit.*, 1993). Sin embargo, con el tiempo dicha postura fue cediendo y el pensamiento simmealiano pasó a mostrar los rasgos hermenéuticos (Vernik, *op. cit.*, 2003) que sin dudas caracterizan a su estilo. En la última etapa de su producción intelectual, Simmel se posicionó en el marco de la filosofía de la vida, tal como lo refleja su texto *Intuición de la vida*, más arriba mencionado. Esta orientación vitalista también puede considerarse un rasgo simmeliano y, a su vez, un verdadero aporte al pensamiento existencialista del siglo XX (*Ibíd.*). A propósito de esto último, es patente la influencia simmeliana en la concepción de Martín Heidegger acerca de la muerte como un elemento inmanente de la vida (Levine, *op. cit.*, 2012).

Luego de repasar las contribuciones de Simmel y los obstáculos a las que estas se enfrentaron, a modo de cierre queda subrayar que la recepción de la obra de Simmel fue ambigua: "(...) marginal desde el punto de vista del reconocimiento académico, y central en el mundo intelectual" (Watier, *op. cit.*, 2005: 6). La propia Hanna Arendt declaró al ser entrevistada que "todo el mundo leía Simmel en la década del veinte" (Mundo, *op. cit.*, 2010: 9). Debido a su cargo universitario no rentado, Simmel organizaba cursos privados en su casa ubicada en la ciudad de Berlín. A dichas lecciones asistían elevadas personalidades, lo que garantizaba a Simmel una gran circulación dentro de la esfera cultural del período, claramente contrastante con el rechazo recibido en los claustros académicos. Es así que la obra simmeliana logró instalarse entre pensadores de la talla de Edmund Husserl, Max Weber y Henri Bergson, y también entre artistas, tales como Stefan George, Auguste Rodin y Rainer Maria Rilke.

---

[27] Una manera alternativa de dividir la obra de Simmel consiste en identificar un momento darwinista, otro kantiano y, finalmente, uno goethiano/bergsoniano. Más allá de la periodización que se elija, lo importante es tener en claro el carácter estilizado de la división temporal aplicada a la obra de Simmel, pues hay temas que persisten a lo largo de toda su producción y desafían cualquier intento de aplicar categorías rígidas (Levine, *op. cit.*, 2012: 26).

[28] "Simmel reformulará la idea de 'diferenciación social avanzada' del teórico de la evolución Herbert Spencer (...) En su trabajo intitulado *Problemas de Filosofía de la Historia*, de 1982, profundiza su crítica sobre Spencer renovando sus formulaciones con ayuda de la filosofía de Kant" (Beriain, *op. cit.*, 2000:14).

[29] "En forma más atenuada, la teoría de Darwin sobre la preservación de las especies se convierte en tema de la sociología de Simmel dentro del contexto de la autopreservación de los grupos sociales, desarrollada por primera vez en su obra *Sobre diferenciación social* (1890)" (Frisby, *op. cit.*, 1993: 34).

Asimismo, la Escuela de Frankfurt –integrada por Theodor Adorno, Max Horkheimer y Herbert Marcuse, entre otros reconocidos intelecuales– también refleja la inflluencia simmeliana (Bottia Merchán, 2015). Esta se hace evidente en el modo de abordar a la cultura (Vernik, 2015) y en la propuesta de una *dialéctica negativa* enfocada en la contradicción (Rodríguez, 2008). Como sugiere Watier (*Op. cit.*, 2005: 6), "Simmel siempre ha ocupado un lugar particular: la expresión de outsider (...) parece apropiada si se tiene en cuenta la inserción propiamente académica, pero no da cuenta de la eminencia de la posición de Simmel en el campo intelectual, ni de su participación en empresas de institucionalización de la investigación sociológica".

De este breve esbozo de la vida de Simmel se desprende que su obra fue verdaderamente rica y que, no obstante su condición relegada dentro de la academia, su producción contó desde el principio con el reconocimiento de mentes destacadas del siglo XX. Los prejuicios antisemitas de la época junto a su particular estilo jugaron ciertamente en contra de las posibilidades de Simmel de convertirse en un clásico; no por nada Ramel (*Op. cit.*, 2006) lo considera un "fundador olvidado" de la sociología. Sin embargo, hoy, esos dos elementos que en su momento opacaron la recepción del pensamiento simmeliano ya no gozan de la misma capacidad de veto que hace una centuria. El antisemitismo ya no predomina en el ámbito académico y las ciencias sociales gozan de una mayor autonomía, flexibilidad e identidad que en cierto modo las independizan del cientificismo/objetivismo de las ciencias naturales. Podría decirse, entonces, que es un buen momento para retomar a Simmel y preguntarse acerca de sus posibles aportes a la disciplina de las RRII.

2 La herencia de Kant, Goethe y Nietzsche en Simmel

De lo dicho precedentemente emana que Simmel fue portador de un particular estilo que lo alejó en cierta medida de la academia. Una de las características que sobresalen dentro de su peculiar manera de realizar el trabajo intelectual es la escasa referencia a otros autores a partir de un sistema convencional de citas y menciones. Esta cuestión trasciende el mero carácter anecdótico, pues no solo profundiza la comprensión acerca del rechazo a Simmel por parte de la academia, sino que también da cuenta de una dificultad originaria a la hora de develar el impacto que otros pensadores han tenido en la producción simmeliana. Tal como señala Lidia

Girola (2007: 106), "[s]abemos que a Simmel no le gustaba citar, y no nos consta con exactitud a quién había leído y a quién no". No obstante ello, es factible detectar ciertas herencias intelectuales dignas de mención.

Ante todo, es menester tener en consideración que según la bibliografía que se tome como referencia para la reconstrucción del mapa de las influencias percibidas en la obra Simmel será posible encontrar algunas diferencias de enfoque. Ello depende en gran medida del aspecto de la obra simmeliana que se desee destacar. A grandes rasgos y tal como se anticipara en la sección anterior, para una primera etapa se puede mencionar a Spencer y Darwin como referentes. El joven y pragmático Simmel tomó de ellos algunas ideas, y a partir de estas esbozó sus primeros principios básicos de la sociedad (Frisby, *op. cit.*, 1993), aunque luego su pensamiento se alejó de esta línea. Simmel también tuvo en sus comienzos contactos con los aportes de la Psicología Social alemana (*Völkerpsycologie*), en especial de Moritz Lazarus y Hermann Steinthal (*Ibíd.*), que se reflejó en la primera tesis que Simmel presentó para obtener su doctorado, sin conseguir su aprobación (*Estudios psicológicos y etnográficos sobre la música*). Por otro lado, respecto de las contribuciones a las ideas sociológicas de Simmel, algunos autores destacan los influjos de Wilhelm Dilthey, aunque más no sea para señalar en qué se diferencia su concepto de sociedad del simmeliano (Beriain, *op. cit.*, 2000).

En cuanto a las influencias más explícitamente presentes en Simmel, se suelen analizar los puntos de encuentro con los aportes de Friedrich Nietzsche y Arthur Schopenhauer, autores sobre los que Simmel escribió un ensayo –*Schopenhauer y Nietzsche* (2004 [1907])– en el que es posible acceder no solo al pensamiento de estos dos, sino al del propio Simmel. Es importante notar que las ideas simmelianas se vieron permeadas por los aportes de Nietzsche y Schopenhauer, no obstante el hecho de que Simmel los haya analizado a través de un cristal crítico (Frisby, 1987).

El caso de Nietzsche es particularmente destacable, ya que sus consideraciones acerca del individuo y la sociedad actuaron como una inspiración dentro de la obra simmeliana. Nietzsche señaló a la vida como un valor absoluto imposible de realizarse en la sociedad, traducido en una oposición entre sociedad, por un lado, e individuo y humanidad, por otro. Así, "Nietzsche rompió de una vez por todas la identificación de la humanidad con la sociedad, y encontró en la humanidad un valor independiente del orden social" (Bakewell, 1908: 537). Simmel compartió en cierto modo esta postura, aunque sin caer en el extremo de una inclinación anti-sociedad como aquella presentada por Nietzsche (*Ibíd.*). De esta manera, para Simmel, "la humanidad no es sólo un plus cuantitativo frente a la sociedad, no es la suma de las sociedades, sino la síntesis de un carácter por completo propio de los mismos elementos de los que, en otra forma, resulta la sociedad" (Simmel, *op. cit.*, 2003 [1917]: 110). Es claro el vínculo entre esta concepción de la humanidad y las consideraciones sobre la *individualidad cualitativa* planteadas por Simmel. En línea con esto, debe mencionarse que las preocupaciones simmelianas acerca de la individualidad y el actuar ético recogieron además otras nociones nietzscheanas capaces de echar luz sobre la posibilidad de una moralidad anclada en la propia individualidad. En ese sentido, son relevantes las intersecciones entre la noción de nobleza[30] y responsabilidad, pues tal como se explica más abajo, Simmel desarrolló la idea de una ley individual con el potencial de garantizar un actuar ético sin recurrir a normas exteriores al individuo. Por último, debe mencionarse el influjo de Nietzsche en Simmel a propósito de la caracterización del hombre moderno, un aspecto de la obra simmeliana que aquí no se explora en profundidad, pero que sin dudas podría generar valiosos aportes para pensar al sujeto de un mundo cada vez más marcado por las interacciones transnacionales. El *urbanita* de Simmel, aquel individuo de la gran ciudad que se enfrenta a innumerables instancias de socialización a lo largo de su día, adaptándose a diferentes grados de anonimia y cercanía (Simmel, 1996 [1903]), parece ser un buen punto de partida para analizar al hombre de la sociedad internacionalizada.

Otras dos herencias que aquí se pretenden destacar, tanto por su importancia dentro del presente libro como en el pensamiento simmeliano en general, son las de Kant y Johann Wolfgang von Goethe. Después de todo, "[e]llos son, en ese orden, los nombres más mencionados en la obra de Simmel. Son sus pilares y el arco que los vincula describe el viaje intelectual de Simmel" (Bleicher, 2007: 139, traducción de la autora). Comenzando por Kant, sus repercusiones en las ideas e, incluso, en la carrera de Simmel, son verdaderamente marcadas. Como ya se mencionó en la sección anterior, Simmel consiguió su doctorado gracias a su análisis *Das Wesen der Materie nach Kant's Physischer Mondadologie*, y logró subsistir dentro de la academia berlinesa debido a su dedicación a la

---

[30] Vale recordar que "el término nobleza –tal y como lo emplea Nietzsche– no debe ser entendido como una calificación política, social o racial, sino que pertenece al vocabulario de su tipología moral" (Lemm, 2010: 15). Así, el hombre noble no es aquél que pertenece a un determinado estrato social, sino aquél que actúa de acuerdo a los parámetros de nobleza identificados por Nietzsche, elevándose cultural y espiritualmente a través de la moralidad noble (*Ibíd.*).

producción kantiana. Kant puede considerarse como el interlocutor primario de Simmel, revelándose como una influencia prominente de este último, desde sus primeros escritos hasta la etapa final de su obra (Levine, *op. cit.*, 2012). Huelga decir que, al igual que lo que sucede con Nietzsche y Schopenhauer, las ideas de Kant fueron abordadas en el marco de un espíritu crítico, que de todos modos no ocluyó una rica apropiación por parte de Simmel.

Esquemáticamente, puede decirse que el impacto de las ideas de Kant en Simmel se registra en tres ejes: la noción del *a priori* como un elemento básico de arquitectura conceptual, la distinción entre forma y contenido, y el concepto de *interacción* (Beriain, *op. cit.*, 2000). Los dos primeros son probablemente aquellos que más resaltan en los distintos análisis sobre la obra simmeliana, aunque el tercero no carece de relevancia. Tal como se aprecia en el texto *Problemas de filosofía de la historia* (1950 [1892]), la noción de interacción en Simmel adquiere una doble utilidad: por un lado sirve para abordar las relaciones que los individuos entablan entre sí y con otras unidades sociales, y por otro, se erige como principio heurístico de la investigación de los fenómenos sociales (Beriain, *op. cit.*, 2000). Asimismo, es interesante notar que Simmel considera a los intercambios de efectos como un principio regulativo del mundo, donde "todo está en algún intercambio de efectos con todo" (Simmel, 2016 [1890]: 20). De este modo, a la doble utilidad del intercambio de efectos se le suma una función ontológica.

En cuanto a la noción del *a priori*, esta adquiere un papel central dentro de las ideas de Simmel a propósito de cómo es posible la constitución de la sociedad. Basándose en la aproximación kantiana a las condiciones de posibilidad de la naturaleza, Simmel postula que para que la sociedad pueda existir es necesario que operen ciertas construcciones que le permiten al sujeto "ordenar" lo social y, al mismo tiempo, ser parte de ello. Dice Simmel que la pregunta por las posibilidades de constitución de la naturaleza es resuelta por Kant "mediante la investigación de las formas que constituyen la esencia de nuestro intelecto, y producen, por tanto, la naturaleza como tal", y continúa afirmando que "[p]arecería conveniente tratar de modo análogo la cuestión de las condiciones *a priori*, en virtud de las cuales es posible la sociedad" (Simmel, *op.cit.*, 1939 [1908]: 34). Estas formas –los *a prioris*– son tres, y básicamente refieren a los actos de tipificación/estereotipación, a la doble situación de estar dentro y fuera de la sociedad, y a la existencia de diferentes roles asignados por la sociedad a los sujetos (*Ibíd.*: 33-51). Cabe poner de resalto que Simmel se aleja del planteo puro de Kant, ya que en este último, el sujeto que ordena a la naturaleza a través de los *a prioris* se encuentra ajeno a ella, mientras que en el caso de la constitución de la sociedad existe un sujeto que no solo ordena, sino que también pertenece (y es conciente de que pertenece) a la sociedad.

La noción del *a priori* como una instancia elemental de arquitectura conceptual permite anticipar el otro eje de la herencia kantiana en los trabajos de Simmel: la distinción entre forma y contenido. En su apropiación y resignificación de las ideas de Kant, Simmel tomó a ambos conceptos como polos que se condicionan mutuamente y que pueden rastrearse en plano de lo empírico (Beriain, *op. cit.*, 2000: 15). Sintéticamente, "las formas [son] los canales, los modos y los tipos de interacción entre individuos, grupos sociales o instituciones, y los contenidos lo que nos conduce a las actuaciones, las emociones o las metas de los seres humanos" (Rammstedt y Cantó i Milà, *op. cit.*, 2007: 122).

La distinción forma-contenido se convirtió en uno de los pilares de la obra de Simmel, en especial dentro de su quehacer sociológico; algunos autores hablan, incluso, de este par como un *leit motiv* presente desde el comienzo en la producción simmeliana (Levine, *op. cit.*, 2012: 30). En Simmel, forma y contenido se presentan como dos conceptos distinguibles nivel analítico, obrando como una abstracción metódica dentro de las ciencias sociales. A grandes rasgos, puede decirse que las formas son contenidos que adquieren una intensidad tal que logran volverse autónomas respecto de otros contenidos, y que luego vuelven a los contenidos para actuar sobre ellos y, a la vez, actualizarse. De ese modo, las formas nunca terminan de perder su conexión con el flujo de contenidos que les dieron origen. Si la conexión se pierde, la forma se vuelve vetusta e inerte, una forma muerta; es por ello que "la dependencia de las formas de socialización frente a la organización social general no debe ser olvidada" (Watier, *op. cit.*, 2005: 39). En virtud de ello, las formas podrían pensarse como una suerte de contenido que ha logrado estabilidad, pero sin que ello signifique un momento estático. Como ya se señaló en la sección anterior, Simmel siempre estuvo atento al carácter dinámico de los fenómenos sociales.

Lo fluido de lo social es, precisamente, uno de los puntos que lleva a resaltar el influjo de Goethe en la obra de Simmel. "Para comienzos del siglo [XX] Simmel ya había comenzado a interesarse cada vez más por la problemática relación entre el principio de las Formas, representado por Kant, y el principio de la Vida, representado por Goethe y Nietzsche" (Levine, *op. cit.*, 2012, traducción de la autora). En ese marco, el vitalismo goethiano, sumado a los influjos nietzscheanos, va a impactar sobre la manera en la que Simmel entiende la distinción forma-contenido, al punto de reformularla como forma-vida. En este cambio, la vida pasa a ser ese *continuum* de contenidos a partir del cual algunas vivencias se autonomizan y comienzan a operar como formas (Simmel, *op. cit.*, 2002 [1911]). Así, uno de los rasgos identitarios más fuertes de Simmel, *i.e.*, la distinción forma-contenido entendida como forma-vida, será deudora tanto de Kant como de Goethe y Nietzsche. Esta capacidad de pensar a Kant y Goethe como compatibles es una muestra más de la originalidad de Simmel, pues en su época era común presentarlos en oposición (Levine, *op. cit.*, 2012). Si bien aquella contraposición de los autores tuvo sus ecos en la obra simmeliana, lo cierto es que el concepto de vida termina operando como un puente entre las ideas kantianas y goethianas (Bleicher, *op. cit.*, 2007).

Para finalizar, cabe poner de resalto que el diálogo entre Kant y Goethe propuesto por Simmel no se agota en la resignificación del binomio forma-contenido como forma-vida. Puede señalarse que, en cierto modo, la comprensión goethiana de la vida y el individuo dio herramientas a Simmel para arremeter contra el *imperativo categórico* kantiano. En lugar de un modo de actuar basado en la potencial universalización de los actos, Simmel propuso una ley individual en la que cada acción debería ser tomada como una instancia capaz de definir a la vida entera del individuo (Lee y Silver, 2012). Ello se enmarca en el hecho de que la vida para Simmel "no es propiamente una suma, sino que es absolutamente real en cada uno de sus instantes" (Simmel, 2001 [1918]: 9). De ese modo, el obrar moral dejaría de ser producto de la aceptación de una ley que, en tanto universal, tiene algo de externo. A través de este planteo, Simmel intentó insertar al imperativo categórico dentro del flujo de la vida (Lee y Silver, *op. cit.*, 2012: 132). Sin embargo, esta apuesta por la ley individual no debe ser interpretada como un viraje total al relativismo, en este sentido, "[e]l deber sigue constituyendo un elemento formal de la estructura de la moralidad (...), ahora el deber consiste en perseguir el siempre emergente ideal de la propia y auténtica individualidad" (Levine, *op. cit.*, 2012: 38). Es evidente aquí también la influencia de Nietzsche. Vale aclarar que, puesto que la meta principal sigue siendo la moralidad, el *deber ser* propio de cada individuo –su ley individual– debe emanar de un proceso trans-individual que incluye tanto la auto-reflexión, como el debate con otros sujetos (*Ibíd.*). Como sugiere Vernik (*Op. cit.*, 2009: 110), se trata de una ley individual "para cada uno; pero cada uno, cada vivencia unificada, es también una multiplicidad de formas de 'estar-con-otros'".

3 La sociedad y las formas de socialización

Como ya se señaló, Simmel se nutrió de diferentes ramas del pensamiento y realizó aportes en variadas disciplinas. Entre ellas, es posible destacar a la sociología, pues de esta podría decirse que fue la esfera de pensamiento en la que la producción simmeliana logró un mayor grado de sistematicidad. A pesar de que Simmel haya renegado en cierto modo de la sociología –pensándose a sí mismo como filósofo antes que como sociólogo–, lo cierto es que esta ocupó un lugar central en su obra. En ese sentido, no es casual que Simmel sea identificado con la fundación de la sociología alemana, tal como se sugiere en párrafos precedentes. De hecho, "Simmel fue el primer alemán en impartir cursos de sociología. Desde 1893 hasta su muerte en 1918 dictó clases de sociología en forma ininterrumpida, colaboró con diversas revistas especializadas de sociología, y participó activamente en la fundación de la primera asociación alemana de sociología" (Vernik, *op. cit.*, 2003: 13).

Dentro de la sociología, la originalidad de Simmel residió en la determinación del objeto de estudio: en lugar de apuntar a la sociedad, se centró en el novedoso concepto de *formas de socialización*, anclado en la distinción forma-contenido previamente descrita. Las formas de socialización pueden ser entendidas como formas de relación social, en tanto describen modos de relacionarse de los individuos y los grupos de individuos entre sí, las cuales tienen un carácter dinámico. Si bien Simmel no impugnó totalmente el estudio de las configuraciones sociales estables, *i.e.*, las instituciones, sí dejó claro que para él la clave de los estudios en sociología residía en las formas de relación social, entendidas estas últimas como aquellos "hilos invisibles que atan y desatan los individuos entre sí. Que ligan y separan a todos con todos (...)" (*Ibíd.*: 16). Y es que, "aquellos grandes sistemas y organizaciones supraindividuales en los que se suele pensar en relación con el concepto de sociedad [las instituciones], no son otra cosa que las consolidaciones –en marcos duraderos y configuraciones independientes– de interacciones inmediatas (...)" (Simmel, *op. cit.*, 2003 [1917]: 33). Las formas de relación social momentáneas describen aquellas situaciones en las que unos con otros individuos interactúan, pudiendo abarcar diferentes instancias, desde la convivencia en matrimonio hasta el compartir accidental de un grupo de personas que asiste a un concierto de música o una exposición de arte (Vernik, *op. cit.*, 2003). Aun cuando estas interacciones puedan parecer insignificantes, allí es donde primeramente se constituye lo social (Simmel, *op. cit.*, 2003 [1917]).

Dado el énfasis de Simmel sobre las formas de relación social, se puede decir que su modo de entender a la sociología no parte ni del individuo ni de la sociedad. Tal como afirman Rammstedt y Cantó i Milà (*Op. cit.*, 2007), la sociología le debe a Simmel la liberación de aquel dualismo que se presentaba como irreversible. Puede pensarse que lo que lo motivó en su reformulación de la sociología fue la falta de conformidad con la noción de sociedad, pues Simmel entendía que este era un concepto hipostasiante para la sociología, incapaz de mostrar el carácter dinámico de las relaciones sociales (Vernik, *op. cit.*, 2003). Por ello, son las formas que describen a los efectos y las acciones recíprocas que ocurren en la interacción de los individuos las que constituyen el objeto de estudio sociológico. De ese modo Simmel erige una ciencia capaz de analizar a los fenómenos sociales en *status nascens*, es decir, en su acontecer (*Ibíd.*). A modo de lograr una comprensión más profunda de la propuesta simmeliana, cabe poner de resalto que esos fenómenos sociales son entendidos como contenidos emergentes de la vida psíquica de los individuos que interactúan entre sí o con grupos sociales, sin que ello se traduzca en una reducción de lo social a lo psicológico. Así, "[u]na socialización es la configuración en la que varios individuos entran en acción recíproca, y la acción recíproca no puede sino provenir de la puesta en obra de las pulsiones, o de la intención de lograr ciertos objetivos" (Watier, *op. cit.*, 2005: 21). Más aún, "los hechos sociales (...) ciertamente no son *sólo* sociales, y siempre es un contenido de tipo sensorial, espiritual, técnico o fisiológico que se sostiene, se produce o se transmite socialmente y del que así resulta la configuración total de la vida social" (Simmel, *op. cit.*, 2003 [1917]: 49, cursivas en el original).

En virtud de estas consideraciones, la "[s]ociedad sería entonces sólo el nombre de un entorno de individuos que están ligados entre ellos por los efectos de estas relaciones recíprocas y que por esto se definen como una unidad (...)" (Simmel, *op. cit.*, 2003 [1917]: 33). Esta noción de sociedad permite dar con el carácter dinámico del planteo de Simmel, en el que lo importante es poder dar cuenta de aquello que está aconteciendo. De ahí se desprende el rechazo a una sociología cuyo objeto sería una sociedad reificada, vista como sustancia (Simmel, *op. cit.*, 2003 [1917]). Esta manera de abordar la noción de sociedad tiene ostensibles puntos en común con las ideas del hermeneuta Dilthey. Para principios de la década de 1880, este último ya hablaba de la sociedad en términos de juego/suma de interacciones individuales (Frisby, *op. cit.*, 1993). No obstante, huelga decir que a diferencia de Simmel, para Dilthey tanto la sociedad como el individuo eran estructuras unitarias y concretas, pasibles de ser pensadas de modo independiente (Beriain, *op. cit.*, 2000). En contraposición a dicho posicionamiento, en el abordaje simmeliano forma-contenido queda claro que el individuo y la sociedad se hallan profundamente relacionados, y no enfocados como polos inconexos.

Recapitulando, la sociología propuesta por Simmel –más específicamente, lo que en *Cuestiones fundamentales...* rotuló como sociología formal– está dedicada al estudio de las formas de relación social (Simmel, *op. cit.*, 2003 [1917]). Tal como sugiere el autor, "[s]i se puede decir que la sociedad es el efecto recíproco de la acción de los individuos, entonces la descripción de las formas de este efecto recíproco sería la tarea de la ciencia de la sociedad en el sentido más estricto y auténtico de 'sociedad'" (*Ibíd.*: 50). Tomando los aportes de Simmel como ejemplo, podrán encontrarse formas de relación social en algunas instancias no abordadas por planteos sociológicos clásicos, como los de Durkheim, Marx o Weber. Complementando los ejemplos más arriba mencionados, esas formas incluyen, verbigracia, al secreto, la carta, el amor, la fidelidad, el perfume, la coquetería y la lucha. Los contenidos de estos intercambios de efectos podrán ser variados, e incluso, compartidos con otras disciplinas. Según Simmel ello es así porque la sociología, a diferencia de otras ciencias, no tiene un contenido específico y excluyente. Su contenido, al emanar de las diferentes manifestaciones de la vida social –de una estructura sociológica–, se superpone con el de otras ciencias sociales, como la psicología y la economía (Rammstedt y Cantó i Milà, *op. cit.*, 2007). Es más, a propósito de los motivos del presente libro, podría decirse que se solapa con el contenido de las RRII. Lo particular de la sociología es entonces enfocarse en las formas de relación social.

Al ser la vida social la base que alimenta al contenido de las diferentes ciencias sociales, la sociología puede plantearse no solo como una disciplina con objeto propio (*i.e.* las formas de relación social), sino también como un método para esas ciencias. En palabras de Simmel (*Op. cit.*, 2003 [1917]: 37-38), "[l]a sociología no es sólo una ciencia con objetos propios, delimitados frente a todas las otras ciencias por una división del trabajo, sino que también se ha convertido en un método de las ciencias de la historia y del espíritu". Estas aseveraciones no son menores en el marco de este libro, pues del conocimiento sociológico simmeliano emana la afirmación de que tanto la armonía como el conflicto son formas de socialización que se dan en simultáneo, y que por tanto, la filosofía de las RRII debería estar basada en una paradoja donde el ser humano es bueno y malo al mismo tiempo, en lugar de que la bondad y la maldad se den de manera excluyente. La sociología resulta entonces un aporte al esclarecimiento de los supuestos epistemológicos (conceptos, axiomas, procedimientos) de otras ciencias. Opera pues "como la teoría del conocimiento de las demás ciencias sociales especiales, como el análisis y la sistemática de los fundamentos que en éstas actúan para darles formas y normas" (*Ibíd.*: 53-54).

Es importante subrayar que cuando Simmel se encarga del estudio de las formas de socialización no solamente se dedica a ver cómo un grupo específico de individuos interactúa. Tal como se desprende de los argumentos más arriba desarrollados, lo que realmente está en juego es el estudio de la sociedad, en el marco de un paralelismo entre individuo y sociedad (Ramel, *op. cit.*, 2006). Es por ello que las conclusiones que Simmel extrae pueden ser aplicadas tanto a individuos como a formaciones sociales más desarrolladas, como los Estados: "[e]n última instancia, Simmel piensa que las formas sociales más complejas son extensión de interacciones más simples entre los individuos" (Frisby, *op. cit.*, 1993: 101-102). Dicho esto, es posible llevar el pensamiento simmeliano a la esfera de las relaciones internacionales, pues los Estados y las interacciones entre Estados pueden ser estudiadas a través de las herramientas aportadas por Simmel a propósito de la interacción entre individuos. De este modo, la sociedad internacional puede pensarse como un constructo de orden superior, donde los Estados son a la esfera internacional lo que los individuos son a los Estados.

4 El conflicto y la armonía: las formas de socialización de las RRII

De la sección anterior emana que las formas de relación social son el objeto de estudio de la sociología y que, en tanto tales, estas sirven para describir y comprender a los grupos sociales complejos. Dado el enfoque en RRII del presente libro, dos categorías de formas de socialización desarrolladas por Simmel se destacan: la armonía y el conflicto. Estas están presentes tanto en individuos como en Estados y cumplen un rol estructurante para la sociedad. Pues, aunque parezca paradójico, "[d]os tipos de relaciones sociales son necesarias para la constitución de toda sociedad: aquellas que favorecen la unidad y aquellas que se agitan contra la unidad" (Ramel, *op. cit.*, 2006: 43, traducción de la autora). El dualismo entre conflicto y armonía no se resuelve, y es precisamente esa tensión constante la que permite que la sociedad exista.

Las formas de relación social identificables con la armonía son variadas y numerosas. Básicamente, serían todas aquellas que modulan las interacciones entre individuos en contextos pacíficos y de avenencia. Ya sea que la socialización se lleve adelante para la consecución de un fin determinado, o bien, por el mero placer de entrar en una interacción, está claro que los contenidos de la vida afectados por estas formas de relación social de armonía generan un aumento en la densidad de lo social. En otras palabras, permiten que lo social se despliegue. Contra-intuitivamente, esta cualidad de permitir el desarrollo de lo social se halla además en las formas de relación social del conflicto. Como se menciona en el párrafo anterior, estas también hacen a la existencia y el mantenimiento de lo social: "[s]i se aísla la forma del conflicto de todo contenido particular, entonces se constata que el conflicto tiene ciertos efectos que pueden ser llamados socializadores" (Watier, *op. cit.*, 2005: 62). Ello es así porque el conflicto, si bien se presenta como una instancia disociadora, al mismo tiempo genera reglas y se erige como una salida frente a la falta de acuerdo. Huelga decir, no obstante, que existe un tipo de conflicto que no contribuye –y hasta quizás menoscaba– a lo social: el conflicto total. Cuando el objetivo es exterminar al otro, aniquilarlo completamente, por obvias razones ya no es posible hablar de vínculos sociales que tienden a crecer. Así, en las guerras de exterminio cesa toda función integradora del conflicto (*Ibíd.*: 45). En estas situaciones el conflicto "no se diferencia casi del crimen, y su función de unidad tiende a cero" (*Ibíd.*: 63).

Simmel identifica diferentes tipos de conflicto según su nivel de intensidad: la *oposición*, el *conflicto jurídico*, la *competencia económica* y la *lucha* (Ramel, *op. cit.*, 2006). Todos estos tipos de conflictos son aplicables a individuos y a formaciones sociales más complejas como los Estados, pues "[l]os conflictos entre Estados no tienen una especificidad internacional; son entendidos por Simmel bajo los mismos criterios que se manifiestan en el seno de las sociedades, los grupos, e incluso el corazón mismo del psiquismo de los individuos" (*Ibíd.*: 39). Ergo, los conflictos entre Estados no son de naturaleza distinta a otros conflictos.

En líneas generales se puede señalar que el conflicto como forma de relación social no es aquello por lo que se entra en confrontación. Por el contrario, es la válvula de escape por la que la confrontación puede encontrar un fin, permitiendo que vuelva a primar la armonía. En palabras de Simmel (*op. cit.*, 2003 [1917]: 63): "[l]a coincidencia con otros, como hecho y como tendencia, no es menos importante que la diferencia y, en sus más variadas formas, ambas son los grandes principios de todo desarrollo exterior e interior, de modo que la historia cultural de la humanidad misma se puede definir como la historia de la lucha y de los intentos de reconciliación entre ellos". En el caso extremo de los enfrentamientos bélicos, esta dinámica del conflicto se transparenta en la existencia de un derecho de guerra que no solo pone coto a los impulsos de exterminio sino que habilita finalmente la celebración de un tratado de paz.

A propósito de la tensión entre conflicto y armonía es interesante tener en cuenta que Simmel (*op. cit.*, 2016 [1890]) considera que los contactos entre grupos –incluyendo a los Estados– suelen ser hostiles. De este modo, los Estados pueden entenderse como entidades completamente egoístas. Sin embargo, el tamaño del propio grupo y de los grupos con los que se establecen relaciones complejiza el carácter egoísta de los Estados, volviéndolo moral no obstante la hostilidad originaria. Según Simmel (*Ibíd.*: 60), en la vida social, "el propósito más inmoral tiene que pagar un impuesto a la moralidad (...). Es la tarea de una socialización cada vez más avanzada elevar cada vez más este impuesto, para que el sendero hacia la inmoralidad, el cual no puede limpiarse por completo, por lo menos atraviese tantos ámbitos de moralidad como sea posible (...)". Así, Simmel (*Ibíd.*) señala que al ser más grandes los círculos sociales, se torna más dificultosa la obtención de fines egoístas a través de medios directos, como ser la imposición por la fuerza, pues en el marco de los círculos sociales amplios las relaciones económicas están más desarrolladas y es más frecuente la necesidad de servir a los intereses ajenos como mecanismo para conseguir el beneficio propio. En tal contexto, se genera un rodeo de naturaleza altruista para la consecución de fines egoístas. El rodeo altruista puede cristalizarse en instituciones tales como la ley y la cultura, y asimismo habilitar la utilización de medios indirectos y morales, como por ejemplo la neutralización de oponentes o el conseguir apoyos de terceros para concretar un fin egoísta (*Ibíd.*: 59). Así, el egoísmo es presentado por Simmel como un fin, mas no como un medio utilizado por los Estados; el medio, en cambio, es la moralidad.

5 La noción de tragedia como identidad del dualismo en Simmel

Para completar la revisión de la obra de Simmel es menester dedicar algunas líneas a los rasgos definitorios de su dualismo, pues este se distingue de la mera presentación de dos elementos en contradicción. En primer lugar, hay que mencionar que el dualismo en Simmel es abordado a través de la noción de *tragedia*, algo poco usual en las ciencias sociales, que se han desarrollado de una manera anti-trágica (Ramos Torre, 2000). Dentro del pensamiento simmeliano, lo trágico refiere a la "dualidad intrínseca del mundo" (*Ibíd.*: 40). Alude a la existencia de pares en contradicción, cuya característica primordial es que no son externos entre sí, sino que parten de una fuente común. Dice Simmel (*op. cit.*, 2002 [1911]: 354): "[p]or destino trágico (...) entendemos, en efecto, lo siguiente: que las fuerzas negativas orientadas contra un ser surgen precisamente a partir de los estratos más profundos de este mismo ser". Es decir, la tragedia refiere a pares que, no solo están en tensión, sino que comparten una íntima relación, un origen y un suceder común que los ponen en contacto, a la vez que los inclinan a la mutua (e inacabada) negación. Esta particular manera de entender el desarrollo de los acontecimientos humanos aleja a Simmel del *mainstream* hegeliano que ha empapado a la filosofía y a las ciencias con un pensamiento dialéctico. En la concepción hegeliana acerca del devenir de la historia existe un momento teleológico donde las contradicciones se superan; ello claramente no ocurre en las ideas de Simmel.

El dualismo simmeliano, a través de la noción de tragedia, permite hablar de pares de conceptos que se oponen, pero que a la vez comparten una conexión profunda que les impide negarse mutuamente en términos absolutos. Como ya se sugirió precedentemente, esta postura reviste un gran potencial para abordar los supuestos filosóficos sobre los que se erigen los principales paradigmas de las RRII. El dualismo simmeliano permite plantear simultáneamente formas de relación social tendientes a la armonía y al conflicto y, consecuentemente, una antropología a la vez positiva y negativa que atraviesa la forma en que los individuos y los grupos de individuos se relacionan entre sí. Es evidente el aporte que esto podría significar en pos de abordajes más holísticos dentro de la disciplina de las RRII.

6 Simmel y su aplicación a las RRII

A partir de la revisión de las tres escuelas de RRII realizada en el capítulo anterior y del repaso de las ideas de Simmel, es posible señalar el potencial de la filosofía simmeliana para las RRII, en especial en relación a la idea del dualismo y a las formas de socialización de la armonía y el conflicto. Si bien la diferenciación entre las distintas escuelas de la disciplina es clara, lo cierto es que existen algunos puentes entre los paradigmas de las RRII. Estos hacen repensar hasta qué punto es útil mantener miradas que hacen foco en el conflicto o, alternativamente, en la cooperación. En dicho contexto, no es casual que la escuela inglesa haya intentado instalarse como un paradigma entre el realismo y el liberalismo, tomando elementos de ambos y haciendo sus propias contribuciones. Las ideas de la escuela inglesa pueden vincularse al dualismo simmeliano y a la filosofía de Simmel en general, tal como lo demuestra su adhesión a la *comprensión* como mecanismo de acceso al conocimiento. Asimismo, existen ciertos desarrollos del realismo y del liberalismo, especialmente los más recientes, que habilitan diálogos entre ambas corrientes. Por caso, los planteos del realismo de la elección racional dan cuenta de la necesidad del realismo de ampliar su espectro analítico hacia escenarios no conflictivos o, al menos, de menor conflictividad. Otro ejemplo puede encontrarse en las ideas de Mouffe (*Op. cit.*, 2009), cuyo planteo del conflicto como un elemento integrador es cercano a la filosofía de Simmel. Mouffe (*Ibíd.*: 11) habla de un "proyecto democrático en base a una antropología que reconozca el carácter ambivalente de la sociabilidad humana y el hecho de que reciprocidad y hostilidad no pueden ser disociadas". Si bien en la obra de Mouffe no hay una mención directa a Simmel, se evidencia la familiaridad entre las ideas de ambos autores. Por el lado del liberalismo, la idea de los Estados como egoístas racionales que eligen cooperar antes que entrar en conflicto también puede asociarse a la dualidad simmeliana, pues en la interdependencia compleja, la tendencia será a cooperar, sin que ello sea sinónimo de ausencia de tensiones y potenciales enfrentamientos. El tipo de Estado planteado por los teóricos de la interdependencia compleja tiene coincidencias con aquel Estado de fines egoístas y medios morales planteados en la obra de Simmel (*Op. cit.*, 2016).

Enmarcado en las consideraciones precedentes, el pensamiento simmeliano podría aportar el sustento filosófico para el desarrollo de una teoría de RRII reconciliada con lo que ocurre en el ámbito práctico, donde el dualismo conflicto-cooperación se acepte como una posibilidad cierta, simultánea, y sin necesidad de resolverse a favor de uno u otro polo. Al revisar los fenómenos internacionales, se hace patente la insuficiencia de pensar a la realidad desde perspectivas monistas en las que se opta por el conflicto o por la cooperación de manera exclusiva. Y es que, los fenómenos internacionales son complejos y se corre el riesgo de perder gran potencial analítico en pos de hallar modelos explicativos y de acción simplificados. Esto último no significa negar el hecho de que la dimensión teórica y práctica de las RRII requieren de cierta parsimonia. Tampoco pretende negar el hecho de que es posible detectar la primacía de una u otra lógica –ya sea la del conflicto o la de la cooperación– en algunos fenómenos internacionales. Lo que se plantea es que la dualidad del fenómeno internacional debe reconocerse dentro de las RRII, al menos desde el punto de vista filosófico, para luego poder reconocerlo desde el punto de vista teórico y que ello, finalmente, se refleje en los planteos prácticos también.

Actualmente, los paradigmas principales de la disciplina, el liberalismo y el realismo, dan cuenta de dos modos en los que se inscribe el accionar de los sujetos de las RRII: la cooperación y el conflicto, respectivamente. Desde luego, estos registran diferentes grados de intensidad, expresándose de diferentes maneras. Sin embargo, a un nivel esquemático, ambos polos sirven para demarcar el arco dentro del cual se despliegan las interacciones en el sistema internacional. En los tipos ideales manejados por cada paradigma, se espera que los actores se ubiquen en uno o más puntos de ese espectro, pero siempre conservando su afiliación originaria, ya sea a la armonía, o bien, al conflicto.

Retomando aquello anunciado en el capítulo introductorio, la armonía y el conflicto remiten a nociones filosóficas acerca de la naturaleza/carácter del hombre, muchas veces soslayadas en el ejercicio de la investigación en RRII. A un nivel profundo, la disciplina se ubica dentro de la consideración antropológica del sujeto como bueno o malo y, consecuentemente, dentro de la consideración de la sociedad como buena o mala, tomados ambos términos como excluyentes entre sí. Ya en la década de 1900, Simmel (*Op. cit.*, 1939 [1908]: 248, subrayado original) advertía acerca de esta tendencia en las ciencias sociales: "la teoría de las relaciones entre los hombres parece distinguirse en dos: las que constituyen una unidad, esto es, las sociales en sentido estricto, y aquellas otras que actúan en contra de la unidad. Mas es menester tener en cuenta que, en toda relación histórica real suelen darse *ambas* categorías". En línea con la cita precedente, puede decirse que Simmel ofrece elementos para contraponerse al pensamiento polar de las RRII, ya que en su teoría "[t]oda relación social, en diversos grados, se compone de elementos de unión y de elementos de disociación, de consenso y de disenso" (Watier, *op. cit.*, 2005: 61).

Así, es posible hallar en Simmel una descripción de las formas de relación social donde tanto la armonía como el conflicto tienen vigencia en la constitución de lo social, sin que una anule a la otra. Precisamente en esta última consideración reside lo original de la mirada simmeliana, pues si bien es ciertamente evidente que las formas de relación social de la armonía unen a los individuos en sociedad y son socialmente productivas, no es tan obvio que con el conflicto suceda algo parecido. A los efectos de la emergencia de lo social, lo importante de las formas que llevan a la contraposición y a la composición es que ambas se oponen a la indiferencia (Simmel, *op. cit.*, 1939 [1908]). Contra cualquier intento liberal, está claro que en un abordaje de estas características la *paz perpetua* kantiana no tiene lugar (Ramel, *op. cit.*, 2006: 56). Para Simmel la armonía y el conflicto se dan en todo momento, pero con diferentes grados de intensidad. Por ello no tiene sentido hablar dichas instancias como períodos sucesivos, donde la guerra sería el estadio intermedio entre dos momentos de paz.

En este contexto, a través de las contribuciones de Simmel es posible rechazar las explicaciones que toman como variable causal al individuo, presentes tanto en el realismo como en el liberalismo en RRII, y que son parte de un pensamiento clásico heredado de la teoría política, que debe ser superado para lograr avanzar hacia descripciones más certeras de los fenómenos internacionales. La idea de una sociedad en la que conviven la armonía y el conflicto tiene mayor asidero en las experiencias cotidianas de la esfera internacional, tal como se ilustrará en el capítulo siguiente con un estudio de caso sobre la Crisis de los Misiles de 1963, protagonizada por EE.UU., la URSS y Cuba. Con la introducción de Simmel a los análisis de la disciplina de las RRII no solo se pone en evidencia que la posición excluyente de una antropología positiva o negativa está ya obsoleta dentro de las ciencias sociales, sino que también emerge una interesante salida a dicho escenario.

En este marco, es patente la necesidad de que las RRII avancen hacia otras fuentes de inspiración filosófica para sostener los desarrollos teórico-prácticos más recientes, que presentan visiones más matizadas sobre el conflicto y la cooperación. De ahí la propuesta de incorporar las ideas de Simmel a la base filosófica de la disciplina de RRII, que no pretende negar la inspiración que los autores clásicos han generado, sino resaltar la importancia de poder avanzar hacia explicaciones más completas de los fenómenos en cuestión. En definitiva, posicionar el análisis a nivel del Estado, con el dualismo como elemento constitutivo de las formas de relación social, permitiría reconocer que armonía y conflicto son dos procesos que ocurren de manera simultánea, y sin que se pueda establecer en qué orden uno primará sobre el otro. Con la adopción de las ideas simmelianas es posible evitar el exceso de parsimonia de considerar al individuo como puramente bueno o malo, lo que se aleja de una descripción precisa de la realidad.

Así como el pensamiento de Simmel aplicado a las RRII llevaría a replantear el rol del individuo como variable causal de los fenómenos internacionales, también generaría un desplazamiento de las explicaciones estructurales, fundamentalmente asociadas al neorrealismo. La principal crítica que se podría realizar a este tipo de explicaciones, cuyo concepto clave es la anarquía, consiste en que toman por causa a la consecuencia. Considerar que la anarquía es la causa de la forma particular en que las relaciones entre Estados se desenvuelven es un recurso que simplifica el análisis. Sin embargo, queda abierto el interrogante sobre si realmente es posible pensar a la anarquía como una variable independiente y, por tanto, como una causa capaz de explicar las dinámicas del sistema internacional. Si así lo fuera, esa particular estructura de las relaciones entre Estados debería existir ante todo, más allá de cualquier contingencia. Entre dichas contingencias se encuentran, por ejemplo, las diversas realidades domésticas de los Estados que integran la esfera internacional y las particularidades de los modos en que estos Estados se relacionan entre sí. Una interpretación semejante no resulta convincente, ya que no se puede saber si cambios en elementos contingentes como los que se han mencionado más arriba podrían afectar a la anarquía que hasta el día de hoy caracteriza a la esfera internacional. El hecho de que la anarquía sea un elemento de persistente presencia histórica en las relaciones entre Estados no la transforma *per se* en la causa de dichas relaciones, sino que se trata más bien de una contingencia de presencia fuerte y sostenida. En otras palabras, la anarquía es una consecuencia y no una causa de las relaciones entre Estados. El carácter dualista de la socialización presente en el pensamiento de Simmel sería un buen punto de partida para entender de manera alternativa a la anarquía. Podría señalarse a la anarquía como esa particular forma de relacionarse de los Estados donde se da una coexistencia frágil y no mentada, que puede romperse en cualquier momento por el estallido de la guerra. Esto remite a las contribuciones simmealianas, donde armonía y hostilidad son formas de relación social que ocurren de manera simultánea. Aquella convivencia de la cooperación y el conflicto que atraviesa a los Estados podría explicar a la anarquía como un rasgo persistente de la esfera internacional. De allí que la anarquía sea considerada una consecuencia y no una causa.

En síntesis, al pensar a la armonía y al conflicto como elementos propios de los diferentes Estados y, por ende, propios de la esfera internacional, ya no es necesario buscar las causas últimas de la guerra o de la cooperación en la naturaleza humana, la estructura anárquica del sistema, el carácter democrático de los Estados, la existencia de organizaciones internacionales o la interdependencia de los Estados entre sí, como lo han hecho hasta el momento el liberalismo y el realismo. La armonía y el conflicto como formas de relación social son el marco general en el que se desarrollan dichas instancias prácticas; por ejemplo, es la armonía como forma de relación social, y no la mera existencia de una organización internacional, lo que explica en última instancia la cooperación en el contexto de dicho organismo internacional. Así, las nociones de la armonía y el conflicto como formas de relación social brindan el sustrato filosófico necesario para entender desarrollos más bien prácticos del realismo y el liberalismo en RRII. Considerar este sustrato filosófico de ninguna manera anula el valor y la utilidad de los planteos más prácticos, como por ejemplo las explicaciones basadas en la anarquía o aquellas basadas en la independencia económica. Simplemente se trata de aportar mayor profundidad filosófica a los planteos existentes y, al mismo tiempo, entender las limitaciones de las ideas hasta ahora desarrolladas en la disciplina de las RRII, a fin de detectar vacancias y seguir construyendo a las RRII sobre una base filosófico-conceptual firme.

Para finalizar, otro concepto de Simmel que podría ser de utilidad para el estudio de las RRII es el de ley individual. Llevada al plano de las RRII, la aproximación simmeliana a la moralidad podría tener un marcado impacto. Un concepto de soberanía atravesado por la noción de ley individual registraría un gran potencial descriptivo y de comprensión, sirviendo de nexo entre dos situaciones que, *prima facie*, se muestran contradictorias: por un lado la autonomía y auto-ayuda de los Estados en el marco de la anarquía del sistema internacional (planteada por los realistas), y por otro, la cooperación de los Estados a través de diferentes instituciones supra-nacionales (planteada en la visión liberal).

En el marco de la particular interpretación no-metafísica de la ley individual simmeliana que aquí se propone, los Estados llevarían a cabo acciones compatibles con su propia historia e individualidad, en lugar de seguir leyes universales al estilo del imperativo categórico kantiano. Desde luego, semejante comprensión de la noción de soberanía demandaría una previa extrapolación del concepto de ley individual desde el plano de los sujetos a la esfera de los agregados sociales numerosos y complejos, como es el caso de los Estados. Sin embargo, ello no resultaría problemático. Como ya se trató en párrafos anteriores, el pensamiento simmeliano prevé esta posibilidad, pues se enfoca en las interacciones entre individuos para luego poder acceder a lo social.

La doble atención de Simmel sobre lo individual y lo social se hace patente en su problematización de la moralidad, señalanado que esta atraviesa tanto a los sujetos como a los grupos sociales,

80

aunque su impacto en cada nivel registre algunas diferencias. El paralelismo entre individuo y sociedad en relación a los medios, los fines y la moralidad se trasluce en la siguiente afirmación de Simmel: "[e]n la misma medida en que la persona singular no vacila y no se equivoca en sus fines más primitivos, tampoco lo hace el grupo social general" (Simmel, *op. cit*, 2003 [1917]: 59). Simmel ve en los grupos sociales un actor más eficaz que el individuo a la hora de perseguir fines en general, pues estos no están atravesados por "sentimientos, impulsos y pensamientos contradictorios en una u otra dirección" (*Ibíd.*: 58) capaces de restar ímpetu a sus acciones, en especial en aquellas de auto-protección, adquisición de territorios y búsqueda de poder, entre otras metas que podrían considerarse fundamentales (*Ibíd.*: 59). Esta caracterización del accionar de los agregados sociales descrita por Simmel, ciertamente atinada para abordar la realidad del sistema internacional, podría vincularse a un concepto de soberanía imbuido en la noción de ley individual y alinearse además con la idea de los Estados como portadores de fines egoístas y medios morales.

De los desarrollos precedentes emana la posibilidad concreta de aplicar el pensamiento simmeliano a la disciplina de las RRII. Ello se da en el contexto de un objetivo más general que consiste en dotar de una base filosófica a los planteos teórico-prácticos de las RRII. Este intento podría resultar a primera vista carente de un sentido práctico, en tanto el derrotero lógico de la generación del saber consistiría en partir de una filosofía y desde allí arribar a conocimientos teórico-prácticos. Así, se podría objetar el sentido de pensar en la filosofía de conocimientos teórico-prácticos que ya se han desarrollado. Existen diferentes argumentos para responder a dicho cuestionamiento. En primer lugar, el hecho de que las RRII se hayan enfocado, sobre todo en las últimas décadas, primordialmente sobre desarrollos teórico-prácticos no implica que detrás de estos no exista una filosofía que les dé sustento. Aun cuando los autores más contemporáneos no aludan explícitamente a la idea del dualismo ni a la figura de Simmel, dichos elementos están presentes en sus desarrollos. Aquí simplemente se los explicita y se los enmarca en la propuesta de considerar a Simmel como parte del *corpus* filosófico de las RRII. No se trata de descubrir algo novedoso ni tampoco de forzar a las ideas para que se relacionen unas con otras, sino de visibilizar cuestiones ya existentes en la disciplina de RRII. En segundo término, es importante pensar en el futuro de las RRII, pues todas las disciplinas del conocimiento están en constante evolución y, por ende, nunca es tarde para empezar a pensar o repensar los cimientos filosóficos sobre los cuales se sustentan. Aun si se quisiera refutar el planteo de que las ideas simmealianas tienen potencial para enmarcar filosóficamente conceptos ya existentes en las RRII, quedaría la posibilidad de considerar al dualismo y a otras contribuciones de Simmel en desarrollos futuros de la disciplina. Por último, como se señalara en el capítulo introductorio a propósito de los aportes de Husserl, Marcuse y Ramel, la filosofía dota de sentido al conocimiento y es la encargada de mantenerlo en una senda relevante y positiva para la humanidad. Que las RRII sean una ciencia de base filosófica sólida y conectada con el *mundo de la vida*,[31] lejos de ser un mero purismo académico, es una preocupación real, pues se trata de una disciplina que informa a decisiones de política exterior en las que definen la paz o la guerra. Una disciplina de RRII instrumental, técnica y autonomizada del mundo de la vida, difícilmente pueda ser beneficiosa para la humanidad.

Resumidamente, el pensar los posibles aportes de la filosofía de Simmel a las RRII no implica un intento de refundación de toda la disciplina, ni consiste en eliminar o enmendar ninguna escuela de pensamiento. Simplemente viene a proponer una mayor densidad filosófica capaz de abrir nuevos diálogos entre las diferentes ramas de las RRII, quizás tendiendo puentes más frecuentes entre estas o, tal vez, siendo el paso preliminar hacia una unificación de los paradigmas. Toda escuela de pensamiento debe desarrollarse y evolucionar hacia nociones cada vez más certeras acerca de la porción de la realidad que pretende conocer; que las escuelas de RRII admitan el dualismo armonía-conflicto sin pretender resolverlo en favor de uno u otro polo es un paso adelante hacia esa dirección.

---

[31] El *mundo de la vida* (*Lebenswelt*) es un concepto desarrollado por Husserl para referirse al "mundo que compartimos en cada caso con otros hombres, en el cual han quedado sedimentadas la cultura y la civilización (la ciencia en tanto hecho cultural, arte, técnicas, etc.), el mundo que cada cual valora a su modo y sobre el cual establece sus fines y estimaciones" (Carpio, *op. cit.*, 2004: 414). Se trata de un mundo intuido, "naturalmente pre-dado a todos nosotros, como personas en el horizonte de nuestra co-humanidad, por lo tanto en cada conexión actual con otros, como 'el' mundo, el [mundo] en común" (Husserl, 2008: 163). El mundo de la vida puede ser indagado científicamente para dilucidar su modo de funcionamiento y cómo debería funcionar, dotándolo de sentido. No obstante, es importante notar que "[m]undo de la vida hubo siempre para la humanidad antes de la ciencia y como tal continúa su modo de ser también en la época de la ciencia" (*Ibíd.*: 165).

Capítulo 3. Estudio de caso: la Crisis de los Misiles y los aportes desde Simmel

De los capítulos anteriores emana la consideración de que los fenómenos internacionales tienen una naturaleza dual en la que armonía y conflicto conviven. Ciertas situaciones pueden presentar más avenencia que hostilidad, y viceversa, pero ello no anula la dualidad ni tampoco implica un *status* inamovible en los fenómenos internacionales, pues las relaciones entre Estados pueden atravesar diferentes etapas de mayor conflicto o armonía, dependiendo del período específico que se estudie.

La Crisis de los Misiles Cubanos de 1962 (de aquí en más "la Crisis") es un ejemplo de la dualidad armonía-conflicto y por eso fue elegida como estudio de caso para demostrar la compatibilidad de las ideas simmelianas con el análisis de los fenómenos internacionales. La importancia de la Crisis en comparación a otros ejemplos que podrían seleccionarse radica en que se trató de un fenómeno de extrema peligrosidad para millones de personas en todo el mundo, ya que albergó la posibilidad de una guerra nuclear entre EE.UU. y el bloque soviético, situándose al borde de una guerra de exterminio. Dada la capacidad de destrucción de las armas nucleares, las consecuencias de un ataque con estas características difícilmente hubieran quedado restringidas a los países contendientes, *i.e.*, EE.UU., Rusia y Cuba. Todo el planeta hubiera sufrido las nefastas consecuencias de tal intercambio nuclear, ya sea de manera inmediata, debido a las explosiones, o en los meses posteriores, a causa de sus efectos ambientales.[32] Si bien no hay

---

[32] La literatura científica denomina a estos efectos ambientales como *Invierno Nuclear* (*Nuclear Winter*), ya que las estimaciones señalan que a consecuencia de un intercambio nuclear bélico —aun uno de pequeña escala— la atmósfera se oscurecería durante semanas o meses a causa de la nube de polvo, imposibilitando el normal ingreso de la energía solar y generando un descenso de las temperaturas. Esto conllevaría, por

estimaciones oficiales, se calcula que solamente en América del Norte hubieran muerto 200 millones de persones a consecuencia de un intercambio nuclear de EE.UU. con la URSS (Sherwin, 2012); a modo de referencia, la población de EE.UU. en 1962 rondaba los 185,5 millones de personas (U.S. Census Bureau).

En el presente capítulo se abordan en primer lugar los hechos históricos más relevantes para reconstruir y comprender en qué consistió la Crisis. Seguidamente, se analizan tales hechos históricos con el objetivo de detectar elementos puntuales de la Crisis que podrían analizarse desde una perspectiva simmeliana de RRII.

1 Los hechos históricos de la Crisis de los Misiles

La Crisis remite a un episodio acaecido en 1962, en el marco de la Guerra Fría. Resumidamente, se trató de un enfrentamiento entre EE.UU. y la URSS, a raíz del plan ruso de instalar en Cuba misiles nucleares para amenazar y potencialmente atacar a EE.UU. La Crisis suele definirse como un período de trece días, del 16 al 28 de octubre de 1962.[33] Comienza con el descubrimiento por parte de EE.UU. del plan de instalar misiles nucleares en Cuba, y se extiende hasta el anuncio público de la URSS de que abortaría su plan de armar nuclearmente a Cuba a cambio del compromiso de EE.UU. de no invadir la isla.

En el contexto de la Guerra Fría, tres episodios se destacan y pueden señalarse como antecedentes de la Crisis, permitiendo entender en cierto modo las motivaciones de los diferentes países involucrados. Asimismo, estos episodios permiten reconstruir el

---

ejemplo, serias interrupciones en la producción de comida a través de la agricultura (Robbock, 2011; Edwards, 2010).

[33] Siguiendo a Svetlana Savranskaya (2014), cabe subrayar que tanto rusos como cubanos tienen sus propios criterios a la hora de definir la duración del episodio, ya que valoran diferentes aspectos que hacen al contexto y al desarrollo del conflicto; en cualquier caso, es importante notar que el período que consideran es más prolongado que el de los trece días más arriba mencionados. Los rusos suelen interpretar que la Crisis comenzó con el intento de invasión en Playa Girón y no concluyó hasta finales de noviembre de 1962, cuando se retiran efectivamente los misiles ofensivos del territorio cubano (*Ibíd.*). En cambio, para los cubanos la crisis comenzó mucho antes del intento de invasión de Playa Girón, hacia finales de 1959 o principios de 1960, cuando EE.UU. inicia el embargo, rompiendo así las relaciones cubanas con EE.UU. Para Cuba, las hostilidades surgieron desde entonces y la Crisis fue un punto de tensión adicional en el marco de un contexto general de crisis sucesivas (*Ibíd.*). La idea de los trece días de crisis adoptada por la historiografía Occidental tiene fuerte asidero en el relato autobiográfico de Robert Kennedy, *Trece Días: Una Memoria de la Crisis de los Misiles Cubanos* (1999, traducción de la autora), publicado póstumamente en 1969. El libro

alto nivel de tensión que caracterizó a la Crisis, que podría pensarse como el momento culminante de la desconfianza creciente entre EE.UU. y la URSS.

El primer hecho que debe destacarse es la construcción del muro de Berlín, iniciada el 13 de agosto de 1961, generando una barrera física entre Berlín Este y Berlín Oeste (Harrison, 2011). Desde que Berlín había sido dividida en territorio aliado y territorio soviético luego de la SGM, se daban frecuentes migraciones –algunas de ellas permanentes– desde Berlín Este a Berlín Oeste. Con el correr de los años, dicho proceso se fue profundizando por el marcado contraste en los estilos de vida y posibilidades propuestas a ambos lados de la ciudad, al punto de ser considerado una amenaza para el régimen soviético de la Alemania del Este; para el verano de 1961, cada día alrededor de 1,000 alemanes del Este escapaban hacia Alemania Occidental (*Ibíd.*). Fue en ese contexto que el gobierno de Alemania del Este y la URSS tomaron la decisión de cerrar la frontera en Berlín a través de la construcción de un muro. La construcción del muro no rompía ninguna cláusula de la repartición de Berlín establecida por el Acuerdo de Postdam firmado tras la SGM (Barker, 1963). Sin embargo, sumaba tensión a la relación entre los EE.UU. y la URSS, instalando la constante duda sobre quién atacaría primero para hacerse totalmente del control de Berlín.

En segundo lugar, es importante destacar la instalación por parte de EE.UU. de misiles balísticos Júpiter de medio alcance (IRBM, por sus siglas en inglés) en Italia y en Turquía hacia fines de los años '50 (Cyr, 2012), lo que significaba una amenaza para la URSS. Estos misiles –potencialmente utilizables como armas nucleares– estaban localizados en posiciones estratégicas con el fin de generar una amenaza constante sobre Rusia. Los misiles se habían instalado en Europa a partir de un ofrecimiento del Presidente Dwight Eisenhower a sus aliados de la Organización del Tratado del Atlántico Norte (OTAN), en el marco de las dudas que pesaban

---

ofrece una narrativa de la Crisis desde la perspectiva de Robert Kennedy como Fiscal General de EE.UU. y asesor del Presidente John F. Kennedy durante esos días. En esta misma línea es importante señalar que el nombre de "Crisis de los Misiles Cubanos de 1962" también es un artefacto de la historiografía Occidental, pues en la academia rusa se conoce a este episodio como "Crisis del Caribe" y en la academia cubana como "Crisis de Octubre". Por motivos de disponibilidad y accesibilidad del material, el presente libro reconstruye los hechos casi exclusivamente a través de textos enmarcados en la historiografía Occidental; ello no viene a negar, sin embargo, la multiplicidad semántica del episodio bajo análisis. Si bien excede al alcance de este análisis, es interesante notar que Simmel plantea una visión *perspectivista* de los fenómenos sociales, lo que significa que estos admiten diferentes miradas. Según Simmel (2016), ello es así debido a la complejidad de los fenómenos sociales.

sobre la credibilidad de EE.UU. luego de que la URSS lanzara exitosamente al espacio el satélite *Sputnik* en 1957 (Nash, 1997). Esta estrategia promovida por Eisenhower generó dudas desde un principio: básicamente se trataba de armas de poco valor desde el punto de vista militar, que además constituían una provocación abierta a la URSS. No obstante ello, la instalación de los misiles Júpiter se llevó a cabo. Al momento de asumir su mandato presidencial, John F. Kennedy evaluó cancelar dicha estrategia, pero diferentes circunstancias propias de la Guerra Fría lo llevaron a mantener los misiles en Turquía e Italia (*Ibíd.*).

El tercer acontecimiento de peso para comprender el contexto de la Crisis es el fallido desembarco en Playa Girón –también conocida como Bahía de los Cochinos–, impulsado por EE.UU. en abril de 1961 para derrocar a Fidel Castro en Cuba. A causa de ciertos errores de planificación y de la negativa de Kennedy de utilizar a la Fuerza Aérea para apoyar a las tropas en tierra, las fuerzas de Fidel Castro lograron detener la invasión rápidamente (Welch, 2004). Ello significó un duro golpe para el gobierno de Kennedy (Barbé, 1983). Sin embargo, no significó un cese en las conspiraciones de EE.UU. para derrocar al gobierno cubano. De hecho, fue el propio hermano del Presidente, Robert Kennedy, quien activamente participó de esquemas de conspiración posteriores al fracaso del desembarco en Playa Girón, agrupados bajo el nombre "Operación Mangosta"; estos incluían operaciones psicológicas, sabotajes y apoyo tanto político como económico a grupos de oposición en Cuba (Kaiser, 2008; Tomlin, 2016).

Los episodios repasados *ut supra* dan cuenta del clima de la época y las relaciones primordialmente hostiles entre EE.UU., por un lado, y Rusia y Cuba, por el otro. La Crisis no puede entenderse fuera de este contexto. Berlín era un foco de constante tensión que motivaba tanto a estadounidenses como a soviéticos a buscar superioridad estratégica en otras partes del mundo, para tener poder de retaliación y desalentar así cualquier intento de quebrar los acuerdos de repartición de territorios e influencias posteriores a la SGM. Por su parte, los misiles Júpiter instalados por EE.UU. en Italia y en Turquía apuntando a Rusia daban la pauta de que EE.UU. estaba dispuesto a utilizar armas nucleares para enfrentarse a los soviéticos y reafirmaban la superioridad estratégica de EE.UU. sobre Rusia. En ese marco, el plan soviético de instalar misiles nucleares de medio alcance en Cuba en cierto modo buscaba equilibrar la amenaza de los misiles instalados en Italia y Turquía. Finalmente, el fallido desembarco en Playa Girón y la posterior

"Operación Mangosta" profundizó la desconfianza de Rusia y Cuba respecto de una posible invasión de EE.UU. a la isla. A partir de ello, se acrecentó el compromiso por parte de Rusia para proteger a Cuba, ya que era un territorio particularmente relevante para el proyecto soviético dada su cercanía a EE.UU. Asimismo, Cuba era importante para Rusia por ser el primer país en Latinoamérica en sumarse a la URSS, siendo una expresión del prestigio del proyecto socialista (Sherwin, *op. cit.*: 2012).

De lo anterior emana que la Crisis se inserta en un contexto complejo y de marcada desconfianza. Formalmente, la Crisis comienza el 16 de octubre de 1962 con el hallazgo por parte de EE.UU. de evidencia incontestable acerca del plan soviético de instalar misiles nucleares de largo alcance en Cuba, a partir de fotografías tomadas por un avión espía U-2 en la isla (*Ibíd.*). La imágenes revelaban que Cuba contaba con los lanzamisiles necesarios y se sospechaba que los misiles nucleares estaban prontos a arribar. Esta no era la primera vez que un avión espía de EE.UU. fotografiaba lanzamisiles rusos en Cuba, pero lo particular de este caso fue que se trataba de lanzamisiles preparados para proyectiles con objetivos terrestres, los cuales eran interpretados por EE.UU. como ofensivos por definición, a diferencia de los misiles con objetivos aéreos, que eran considerados defensivos (Cyr, *op. cit.*: 2013).

Durante los primeros días posteriores al descubrimiento, Kennedy y sus asesores civiles y militares más cercanos –agrupados bajo el nombre de Executive Committee of the National Security Council (ExComm)– mantuvieron la información del hallazgo en secreto mientras debatían qué medidas tomar (Sherwin, *op. cit.*: 2012). La potencial presencia de misiles nucleares ofensivos en Cuba no era muy diferente a la amenaza de los misiles en Turquía e Italia apuntando a Rusia. En tal sentido no estaba claro si los misiles en Cuba alteraban el equilibrio de fuerzas entre EE.UU. y la URSS (*Ibíd.*). Sin embargo, diferentes cuestiones contribuían a que la presencia de misiles en Cuba no fuera tolerada por EE.UU.; entre dichos puntos puede destacarse el hecho de que la instalación de los misiles en Cuba se realizara de manera secreta, a diferencia del procedimiento público llevado a cabo con los misiles Júpiter de EE.UU. en Italia y Turquía (Garthoff, 1987).

Casi una semana después del hallazgo, el 22 de octubre, comenzaron en EE.UU. los preparativos para hacer pública la noticia de la amenaza de los misiles nucleares en Cuba. Se enviaron tropas, transporte y materiales al Sur de la Florida, los centros de mando permanecieron operativos todo el día y el Departamento de Defensa elevó el nivel de las Condiciones de Defensa[34] (DEFCON, por sus siglas en inglés) considerablemente, pasando de V a III. A pesar de que la mayoría de los asesores del ExComm sugerían una línea de acción más dura (Sherwin, *op. cit.*: 2012), el 23 de noviembre Kennedy anunció públicamente la puesta en marcha de una "cuarentena" naval a Cuba, que tenía por objeto impedir el ingreso a la isla de cualquier nave que pudiera contener misiles nucleares compatibles con los lanzamisiles detectados por el avión espía U-2. Vale aclarar que EE.UU. desconocía que de hecho ya había ojivas nucleares en Cuba, que se hubieran podido utilizar en cualquier momento del conflicto (*Ibíd.*). Asimismo, a través de la cuarentena EE.UU. exhortaba a la URSS a retirar de Cuba todo el material militar con potencial nuclear y ofensivo. La decisión de la cuarentena –palabra cuidadosamente elegida para evitar hablar de "bloqueo", lo que hubiera constituido un acto de guerra (*Ibíd.*)– vino luego de intensas discusiones en las que Kennedy y el ExComm evaluaron diferentes opciones, entre ellas la invasión a Cuba, el bombardeo a los sitios donde estaban emplazados los lanzamisiles y el envío de un ultimátum a Nikita Khrushchev, en ese entonces líder de la URSS (*Ibíd.*). La cuarentena era una respuesta moderada, mas no eliminaba la posibilidad de una escalada bélica que podría terminar en una guerra nuclear. Reaccionando a la cuarentena, el gobierno cubano advirtió que cualquier avión que despegara sin permiso previo sería derribado por las autoridades (George, 2003: xv).

En paralelo a la adopción de la medida unilateral de la cuarentena, EE.UU. desplegó medios diplomáticos para lograr apoyo internacional y así presionar a la URSS para que respetara las condiciones de la cuarentena. Dean Rusk, Secretario de Estado de EE.UU., dio un discurso ante la Organización de los Estados Americanos (OEA) el 23 de octubre, en el que llamaba a los países miembros a apoyar la cuarentena; su petición fue aprobada por unanimidad, con dos abstenciones (George, *op. cit.*, 2003). Por otro

---

[34] Según The Oxford Essential Dictionary for the U.S. Military (*Diccionario Oxford Esencial para las Fuerzas Armadas de EE.UU.*). "[l]as Condiciones de Defensa están graduadas para responder a situaciones de variada severidad militar: DEFCON V es la preparación normal para tiempos de paz. DEFCON IV es la preparación para condiciones normales, pero con un aumento en la inteligencia y en las medidas de seguridad. DEFCON III implica un aumento en la preparación de las fuerzas por encima del nivel normal. DEFCON II implica un aumento aún mayor en la preparación de las fuerzas, pero por debajo del nivel máximo de preparación. DEFCON I es el máximo nivel de preparación para el uso de las fuerzas" (*s.v.* "DEFCON", traducción de la autora).

lado, Adlai Stevenson, Embajador de EE.UU. ante las Organización de las Naciones Unidas (ONU), llamó a una reunión de urgencia del Consejo de Seguridad. Dos días después, en dicha reunión, Stevenson mostraría las fotografías satelitales que evidenciaban los planes de soviéticos de armar nuclearmente a Cuba, presionando al Embajador de la URSS ante la ONU, Valerian Zorin, a responder a las acusaciones (*Ibíd.*).

El 24 de octubre Khrushchev ordenó a las naves soviéticas que cruzaran la línea de la cuarentena, lo cual generó que, por primera y única vez durante la Guerra Fría, EE.UU. alcanzara el nivel DEFCON II, el paso anterior a la guerra declarada. Sin embargo, hacia el final de la jornada la tensión cedería un poco, ya que las naves de la URSS que se dirigían hacia Cuba habían comenzado a ralentizar su avance y algunas incluso habían dado la vuelta (*Ibíd.*). El 25 de octubre, el *Bucharest* fue la primera nave soviética en tocar la línea de la cuarentena. Tras una inspección visual, se determinó que el buque no contenía armas y se le concedió el paso, descomprimiendo hostilidades. Y es que, con la cuarentena en marcha las tensiones se acrecentaron, pero se abrieron al mismo tiempo canales de comunicación formales e informales entre EE.UU. y la URSS con el objetivo de desmantelar la crisis (*Ibíd.*).

El 26 de octubre Kennedy ordenó realizar vuelos de reconocimiento sobre Cuba cada dos horas, para mantenerse informado sobre los movimientos en la isla (*Ibíd.*). En este contexto, ese mismo día la URSS envió a EE.UU. sus demandas a cambio de respetar la cuarentena y retirar de Cuba el material con potencial para un ataque nuclear. La URSS exigía un intercambio de misiles: retiraría los misiles de Cuba a cambio de que EE.UU. retirara los misiles de Turquía (Cyr, *op. cit.*: 2013). Para EE.UU. esta opción no era aceptable, al menos no de manera pública. La diplomacia debía seguir explorando opciones para resolver el conflicto. Mientras tanto las tensiones seguían acrecentándose y el estallido de una guerra se sentía cercano (George, *op. cit.*: 2003).

El 27 de octubre fue un día particularmente delicado, debido al derribo y muerte de un piloto de un avión estadounidense que estaba realizando un vuelo de reconocimiento sobre Cuba y también a hostilidades de la Marina estadounidense en contra de cuatro submarinos de la URSS que se resistían a salir a la superficie en la zona de la cuarentena y estaban armados con torpedos nucleares (*Ibíd.*; Sherwin, *op. cit.*: 2012). Adicionalmente, ese mismo día un avión U-2 de EE.UU. invadió el espacio aéreo de la URSS mientras volaba en la zona de Siberia, siendo interceptado por aviones de combate de la URSS. Ello generó que aviones de combate estadounidenses de la base aérea *Galena*, en Alaska, tuvieran que escoltar al avión U-2 fuera del espacio aéreo soviético (George, *op. cit*: 2003; Nathan, 2001). Se cree que dicha invasión del territorio soviético fue accidental, aunque ya para ese entonces había órdenes de no realizar más vuelos con aviones U-2 en cercanía a las fronteras soviéticas. La gravedad de estos distintos episodios podría haber desencadenado una confrontación bélica entre la URSS y EE.UU. Sin embargo, primó la apuesta a seguir negociando por distintos canales. En ese contexto, Khrushchev le hizo llegar a Kennedy dos mensajes con un tono contradictorio, uno beligerante y otro conciliador. Estos mensajes echaban un manto de dudas sobre las condiciones que la URSS estaría dispuesta a aceptar para lograr una salida pacífica a la crisis (George, *op. cit.*, 2003.), pero, a la vez, abrían la posibilidad de continuar dialogando. La estrategia de Kennedy frente a la dualidad del discurso de Khrushchev fue hacer caso omiso al mensaje de tono beligerante (*Ibíd.*). Fue así que envió a su hermano Robert a negociar con el Embajador de las URSS en EE.UU., Anatoly Dobrynin, siguiendo únicamente las condiciones expresadas por la URSS en el mensaje de tono conciliador (*Ibíd.*). Como resultado de ese encuentro, Robert Kennedy y Dobrynin acordaron en forma privada que la URSS desmantelaría las armas nucleares en Cuba a cambio de un compromiso público de EE.UU. de no invadir la isla y un compromiso secreto de retirar los misiles de Turquía (*Ibíd.*). El 28 de octubre la URSS aceptó públicamente el acuerdo con EE.UU., marcando el final de la Crisis. Respetando lo acordado, EE.UU. retiró sus misiles nucleares de Turquía meses después, argumentando ante la opinión pública que estaban anticuados, lo que, por cierto, era verdadero (*Ibíd.*).

Es importante notar que las consecuencias de la Crisis no se terminan en el cumplimiento de los puntos acordados entre la URSS y EE.UU. La Crisis generó impactos duraderos que marcarían la relación de las dos potencias en años posteriores, permitiendo una mejor convivencia aun en el clima hostil de la Guerra Fría. En este marco, un hecho a destacar por su valor tanto práctico como simbólico, es la instalación del *teléfono rojo* (conocido en inglés como *hotline*), una línea de comunicación directa entre los líderes de la URSS y de EE.UU. (Munton y Welch, 2007). Ello se dio en respuesta a la falta de canales de comunicación directa durante la Crisis, lo que generó demoras y serias brechas en la comunicación, que podrían haber desencadenado la guerra (Barbé, *op. cit.*, 1983). El fin de la Crisis inauguró además una nueva etapa en la Guerra Fría, la *coexistencia pacífica* (*Ibíd.*), que estuvo marcada por el objetivo de reducir las amenazas nucleares internacionales. En dicho escenario se celebró el Tratado de Moscú en 1968, en el que participaron la Unión Soviética, EE.UU. y el Reino Unido, prohibiendo ensayos nucleares en el espacio atmosférico, extra-atmosférico y submarino (*Ibíd.*). En una línea similar, en 1968, EE.UU. y la URSS firmaron el Tratado de la ONU sobre la No Proliferación de Armas Nucleares, comprometiéndose al desarme nuclear y en 1972 las dos potencias mundiales reforzaron dicho compromiso con la firma bilateral del *I Tratado sobre Misiles Anti-Balísticos* (conocido como *SALT I* por sus siglas en inglés) (Garthoff, *op. cit.*, 1987). Si bien en la década de 1980 la coexistencia pacífica se debilitó por el fracaso de las negociaciones para el *II Tratado sobre Misiles Anti-Balísticos* (*SALT II*) y por la *Iniciativa de Defensa Estratégica* (*SDI*, por sus siglas en inglés, y también conocida como *Guerra de las Galaxias*) promovida durante la presidencia de Ronald Reagan (Badash, 2009), lo cierto es que los enfrentamientos entre EE.UU. y URSS nunca alcanzaron un nivel de tensión y peligrosidad semejante al de la Crisis.

2 La aplicación de la filosofía de Simmel a la Crisis de los Misiles

En los hechos históricos de la Crisis se detecta un marcado dualismo conflicto-armonía, que remite a las ideas de Simmel desarrolladas en el presente libro. Verbigracia, mientras EE.UU. aumentaba su nivel de preparación militar a DEFCON II y se preparaba para un eventual conflicto bélico, su Embajador ante la ONU exponía los planes de la URSS de armar nuclearmente a Cuba, tratando de forzar una salida diplomática a la Crisis en el seno del Consejo de Seguridad de la ONU. En un sentido similar, mientras Khrushchev ordenaba a las naves de la URSS cruzar la línea de la cuarentena impuesta por EE.UU., dichos buques ralentizaban su marcha, aumentando así las expectativas sobre una posible negociación pacífica para resolver el conflicto. Otros ejemplos de la tensión conflicto-armonía pueden encontrarse en los eventos del 27 de octubre, día más álgido de la Crisis. Como se desarrollara en párrafos precedentes, en aquella jornada el intercambio de misivas entre Kennedy y Khrushchev, y la consecuente reunión secreta de Robert Kennedy con el Embajador ruso Dobrynin, convivieron con el derribo del avión espía estadounidense en suelo cubano, la violación del espacio aéreo soviético en Siberia y el peligroso hostigamiento de buques de EE.UU. a los submarinos soviéticos cargados con torpedos nucleares. De estos ejemplos resulta claro que la Crisis estuvo atravesada por el desarrollo simultáneo de instancias conflictivas y de cooperación, sin que ninguna de las dos lógicas pudiera imponerse de manera definitiva. Más aún, ni el propio desenlace pacífico de la Crisis podría considerarse como una victoria completa de las formas de socialización de la armonía, pues ello no significó el fin de la Guerra, sino más bien el comienzo de una nueva etapa en las tensiones entre EE.UU. y la URSS, conocida como la "coexistencia pacífica".

Los diferentes eventos que hacen a la Crisis, tan variados en cuanto a su naturaleza pacífica o belicosa, difícilmente podrían ser explicados desde los marcos analíticos provistos por las dos principales escuelas de pensamiento de las RRII, *i.e.*, el realismo y el liberalismo. Por un lado, el foco del realismo sobre el conflicto no permitiría visibilizar —o al menos jerarquizar— hechos cruciales relacionados con la gestión diplomática de la Crisis. Un Estado malo y puramente egoísta no tendría ningún tipo de motivación para explorar medios diplomáticos para la resolución de conflictos internacionales, especialmente cuando ese Estado —sea EE.UU. o la URSS— tiene armas nucleares listas para lanzar un ataque devastador. Asimismo, la explicación realista estructural basada en la noción de anarquía ocluiría la importancia de las características domésticas de EE.UU. y la URSS, lo que sería un error teniendo en cuenta el gran peso que tuvieron las decisiones individuales de Kennedy y Khrushchev en el modo en que la Crisis se resolvió; si bien sería imposible comprobarlo, se puede sugerir que otros líderes en la URSS y EE.UU. podrían haber priorizado líneas de acción más duras, generando una confrontación bélica nuclear. Tal como sugiere Sherwin (*Op. cit.*: 2012, traducción de la autora), tanto Kennedy como Khrushchev querían encontrar una salida negociada a la Crisis y fueron ellos quienes "tomaron todas las decisiones críticas: las decisiones que llevaron a la crisis, las decisiones que le dieron forma a la crisis y las decisiones que terminaron con la crisis de manera pacífica". Por su parte, la otra escuela destacada de las RRII, el liberalismo, resaltaría las instancias de diálogo tendientes a la avenencia, desconociendo el carácter edificante de los hechos conflictivos de la Crisis y, posiblemente, minimizaría las hostilidades que continuaron aun luego del 28 de octubre de 1962. En este contexto, donde tanto el realismo como liberalismo se revelan insuficientes para explicar de forma comprensiva la Crisis, se hace evidente la utilidad de la filosofía de Simmel, en la que la tensión entre la hostilidad y la cooperación no se resuelve, sino que se mantiene y permite que las relaciones entre Estados sigan existiendo sin llegar a guerras de exterminio, cuyo objetivo es la aniquilación total del otro. De lo anterior se desprende que, además de ilustrar el dualismo simmeliano conflicto-armonía, el caso de la Crisis sirve más específicamente para mostrar el carácter edificante de la hostilidad entre Estados. En este marco, cabe recordar que el conflicto en los planteos de Simmel es productivo desde el punto de vista de lo social, en tanto constituye la válvula de escape para que la confrontación pueda gestionarse sin llegar a una guerra de exterminio; así, la Crisis podría pensarse como la válvula de escape para las hostilidades entre EE.UU. y la URSS durante la Guerra Fría. Como se ha señalado más arriba, ya para el momento de la Crisis, la Guerra Fría venía mostrando una profundización de las tensiones, cristalizada en la construcción del muro de Berlín, la instalación de los misiles Júpiter de medio alcance en Italia y Turquía apuntando a Rusia, y el fallido desembarco en Playa Girón apoyado por EE.UU. para derrocar a Castro. La Crisis fue el punto culminante de la relación desgastada entre EE.UU. y la URSS y, si bien podría haber conducido a una guerra de aniquilación total, lo cierto es que fue la excusa para la creación de nuevos canales de comunicación y acuerdos entre ambos bloques: el teléfono rojo, el Acuerdo de Moscú de 1968, el Tratado de la ONU sobre la No Proliferación de Armas Nucleares y el tratado SALT I, son símbolos de la cooperación entre EE.UU. y la URSS posterior a la Crisis. Estos elementos permitieron la convivencia en un contexto hostil como el de la Guerra Fría, poniendo especial énfasis en el control de la armas nucleares, símbolos de una posible guerra de proporciones globales dado su potencial destructivo. De este modo, la Crisis que amenazó con romper el balance de la Guerra Fría y habilitar así una etapa de confrontaciones directas entre la URSS y EE.UU., fue en definitiva el proceso histórico que hizo posible le perduración de la Guerra Fría durante casi tres décadas más, hasta la disolución de la URSS en 1991. Como se mencionara más arriba, durante la Guerra Fría nunca se volvió a vivir un episodio de tanta tensión como el de la Crisis. Esta situación de apariencia contradictoria, en la que la hostilidad lleva a la avenencia, está en línea con los planteos de Simmel acerca del rol del conflicto en el aumento de la densidad de lo social.

Finalmente, el comportamiento de la URSS y EE.UU. durante la Crisis remite a las nociones de Simmel sobre la ley individual y el Estado como un egoísta de medios morales. La doble respuesta militar y diplomática desplegada por ambos bloques da cuenta de que estos estaban dispuestos a actuar de manera unilateral en el contexto de auto-ayuda del sistema internacional, pero no sin antes intentar desactivar la Crisis de manera pacífica. Es decir, sin perder de vista el objetivo de concretar sus fines egoístas en relación a la Crisis, tanto EE.UU. como la URSS intentaron alcanzar sus metas a través de canales diplomáticos y, de hecho, lo consiguieron. La apuesta por la diplomacia, una institución históricamente arraigada en los modos de hacer política exterior de los Estados modernos, puede considerarse una señal de coherencia individual en ambas potencias. Dicha coherencia interna hace al planteo central de Simmel en relación a la ley individual, pues como se explicó más arriba, esta consiste en tratar a cada acción llevada a cabo como un instante que define a la vida toda. De este modo, el fragmento permite acceder al todo y lo modifica, definiendo permanentemente el ideal de la auténtica individualidad (Levine, *op. cit.*, 2012). Como se desprende de esta interpretación de uso empírico de la ley individual simmeliana, desarrollada en el capítulo anterior,[35] el Estado se sitúa entonces en una línea de coherencia consigo mismo, dándole predictibilidad a sus acciones no obstante las inclinaciones y el potencial para actuar de manera imprevisible en el marco de su egoísmo.

Si se aplican estas consideraciones sobre la ley individual al estudio de caso de la Crisis, es posible señalar que para ser coherentes con su propia historia, tanto la URSS como EE.UU .consideraron a la diplomacia como una posible salida a la Crisis. No haberla considerado hubiera marcado un corte abrupto respecto de los modos de hacer política exterior de ambos bloques. Ello, a su vez, hubiera significado para EE.UU. y la URSS una disrupción en sendas leyes individuales, con consecuentes costos de coherencia interna. Asimismo, hubiera generado una renuncia a los medios morales que morigeran el impacto de los fines egoístas de los Estados, transformándolos en oportunidades de cooperación. A propósito de esto, cabe recordar aquel rodeo altruista señalado en el capítulo anteior, a través del cual Simmel se refiere a la tendencia a la moralidad de los grupos numerosos y complejos. En virtud de dicho rodeo altruista, sería esperable que la ley individual de los Estados contemple a la diplomacia como medio de interactuar con otros Estados, sin que ello ocluya su predisposición egoísta y la posibilidad del uso de la violencia en todo momento.

De lo anterior emana que el entender a la soberanía desde la ley individual simmeliana permite aceptar la complejidad de las decisiones de los Estados, evitando la simplificación de pensar en términos binarios excluyentes como maldad/bondad, egoísmo/altruismo y conflicto/cooperación. Hoy en día, ni el realismo ni el liberalismo

---

[35] *Cfr.* 49.

brindan marcos conceptuales capaces de superar aquel binarismo, no obstante el hecho de que existan diálogos entre dichas escuelas. De allí que resulte importante considerar a los aportes de Simmel para dotar de mayor profundidad filosófica, teórica y analítica a la disciplina.

En síntesis, la Crisis tiene gran relevancia para la historia de la política exterior en la Era Moderna y para la disciplina de las RRII; al tratarse de un episodio de marcada peligrosidad para el planeta entero y estar atravesaba por dinámicas simultáneas de conflicto y cooperación, esta resulta particularmente interesante para la aplicación práctica de las ideas simmelianas. Como se ha mostrado a lo largo de esta sección, la nociones del dualismo, el carácter edificante del conflicto y la relevancia de la ley individual en el marco de Estados de fines egoístas y medios altruistas, son aportes de Simmel apropiados para el análisis de la Crisis. Desde luego, el potencial de las contribuciones simmelianas a las RRII no se agota con su aplicación al análisis de la Crisis en particular. Muy por el contrario, la idea detrás del presente capítulo es estimular la producción de futuros análisis de RRII desde la perspectiva simmeliana. Asimismo, se busca fomentar la profundización de los desarrollos teóricos existentes, posiblemente hacia un paradigma unificado de las RRII, capaz de superar la actual puja entre realismo y liberalismo.

Reflexiones Finales

A lo largo del presente libro se estudiaron las principales teorías de las RRII, la filosofía de Simmel y el caso de la Crisis de los Misiles Cubanos de 1962, a modo de ejemplo de los posibles aportes de las ideas simmelianas a la disciplina de las RRII. El objetivo detrás de dicha empresa consistió en ofrecer una posible solución frente al estado de insuficiencia que afecta la fundamentación filosófica de las RRII, *i.e.*, la concepción filosófica del accionar del hombre, y con ello de los Estados, en clave exclusiva de cooperación o de conflicto. Como se ha señalado en capítulos anteriores, dicha visión no se condice con la complejidad de la realidad que es el objeto de estudio de las RRII y en tal sentido no es sorprendente observar en la disciplina la emergencia de una tendencia al pluralismo integrador, tal como lo entienden Dunne *et al.* (*Op. cit.*: 2013). A través de la incorporación de la filosofía de Simmel a las RRII, este estudio propone la superación de la dicotomía hombre bueno o malo, que en RRII se traduce en Estados que tienden a la cooperación o al conflicto, respectivamente.

En cierto modo, este libro vuelve a poner sobre el tapete cuestiones no resueltas durante el primer gran debate de la disciplina, que dio lugar al surgimiento del realismo y el liberalismo como los dos paradigmas más relevantes de las RRII. Dicho debate no resolvió la cuestión filosófica de fondo acerca de la bondad/maldad del hombre y de los Estados que los hombres constituyen. De hecho, luego del debate, liberalismo y realismo continuaron su existencia como en mundos paralelos dentro del seno de las RRII, cada cual defendiendo su propia concepción del hombre y los Estados. Esta forma de existir en paralelo por parte de los principales paradigmas de RRII no resultó casual, especialmente si se tiene en cuenta que durante el debate "casi no hubo intercambio de ideas entre ambos grupos" (Salomón, 2002: 7). Podría decirse que la emergencia de la escuela inglesa en la década de los '50 fue un intento válido de volver a problematizar los aspectos no zanjados de ese primer gran debate de las RRII, *i.e.*, la indagación por la bondad y/o maldad de los hombres y los Estados. Sin embargo, el intento de la escuela inglesa no llevó a replanteos profundos de la disciplina, y realismo y liberalismo continuaron siendo los paradigmas más destacados.

El liberalismo en RRII plantea una visión optimista, basada en un antropología positiva. La idea central es que las relaciones entre Estados pueden dar lugar a la cooperación, aun cuando existan hostilidades. El liberalismo en RRII se caracteriza por la fe en el progreso, la moderación y la idea de la paz como objetivo deseable y factible. Al interior del liberalismo se dan diferentes explicaciones acerca de cómo se logra la convivencia pacífica en el contexto de las RRII. A grandes rasgos, estas teorías ponen el acento en la interdependencia económica, la paz democrática y las instituciones internacionales. La teoría de la interdependencia económica es particularmente interesante porque se basa en la idea del Estado como egoísta racional, lo que aleja al liberalismo de una posición idealista utópica y tiende puentes para el diálogo con el realismo. Asimismo, la idea del Estado como egoísta racional resuena en la ideas de Simmel, tal como se ha visto *ut supra*.

Por su parte, el realismo considera al conflicto como el rasgo que define a las relaciones inter-estatales. Según las diferentes escuelas realistas, este conflicto puede surgir a partir de la antropología negativa del hombre, o bien, de la anarquía. Cabe recordar que la anarquía es un rasgo estructural del sistema que lleva a que el único principio respetado por los Estados sea el de la soberanía, situándolos en un escenario que remite al estado de naturaleza planteado por Hobbes. Las principales escuelas de este paradigma son el realismo clásico, el neorrealismo y el realismo neoclásico. Más recientemente han surgido otras vertientes, como el realismo de la elección racional. Este se destaca de manera similar a la teoría de la interdependencia del liberalismo, ya que también plantea la idea de los Estados como egoístas racionales. Sin embargo, la diferencia viene dada por la primacía de la lógica del conflicto, que siembra un manto de dudas permanente sobre la posibilidad de cooperar, aun cuando ello sea la elección más racional de los Estados en su contexto.

Por último, la escuela inglesa, de un rol más marginal dentro de este libro y de la disciplina de RRII en general, es en cierto modo un planteo intermedio entre el realismo y el liberalismo. No obstante, es importante notar que la escuela inglesa tiene rasgos característicos que la diferencian de otras, así como también sus fuentes de inspiración propias, por ejemplo la filosofía de Grocio. Como se ha visto precedentemente, esta escuela tiene diferentes puntos en común con las ideas de Simmel, fundamentalmente en relación al planteo de que tanto la cooperación como la hostilidad forman parte simultáneamente de los fenómenos internacionales. Ello justifica su inclusión en este análisis, aun a pesar de no tratarse de una escuela *mainstream* dentro de las RRII.

Entre los conceptos simmealianos que se abordan en este estudio se encuentran el dualismo, las formas de socialización y la ley individual. El dualismo refiere a la contradicción entre dos elementos que no se resuelve. Para Simmel, esa tensión no resuelta es socialmente productiva, aunque en un principio ello pueda parecer contra-intuitivo. Los elementos en tensión dentro del dualismo simmeliano están conectados entre sí de manera que uno no existe exteriormente al otro; ello es precisamente lo que sucede con el par conflicto-armonía, tal como se ha descrito oportunamente en el capítulo 2 de este libro.

El conflicto y la armonía son formas de socialización particularmente importantes para el análisis de las RRII desde una óptica simmealiana. Estas describen los modos de interacción recurrentes de los Estados y dan la pauta de que tanto el realismo como el liberalismo resultan insuficientes para explicar acabadamente el fenómeno internacional. La realidad de las relaciones entre Estados demuestra que las tendencias a la armonía y al conflicto se dan simultáneamente, sin que una de las dos lógicas logre primar sobre la otra, lo cual es compatible con los planteos de Simmel. De hecho, tanto armonía como conflicto contribuyen a que lo social emerja entre los diferentes Estados que constituyen a la esfera internacional. Así, el valor agregado de mirar a las RRII desde el cristal simmeliano reside precisamente en concebir al conflicto y a la armonía como fenómenos simultáneos, no excluyentes y necesarios para la existencia de las relaciones entre Estados.

Finalmente, las ideas de Simmel sobre la ley individual y el Estado como un egoísta racional de medios morales, también contribuyen a un entendimiento más profundo y complejo de los fenómenos internacionales. Con estas se evita la clasificación de los Estados en términos tajantes de cooperación/bondad o conflicto/maldad, en línea con lo que sucede al adoptar un posicionamiento dualista simmeliano.

El estudio de caso sobre la Crisis de los Misiles Cubanos de 1962 viene a poner en términos concretos el potencial de analizar a los fenómenos de las RRII desde una óptica simmeliana. Dicho episodio resulta de gran interés debido a la intensidad de las hostilidades entre EE.UU. y la URSS, que podrían haber llevado a una guerra nuclear de impacto global. Los eventos que tuvieron lugar durante y posteriormente a la Crisis dan cuenta de la ocurrencia simultánea de las dinámicas del conflicto y la armonía en los fenómenos internacionales: mientras ambos bloques se preparaban para una guerra en octubre de 1962, los medios diplomáticos se desplegaban en diferentes arenas para dar una salida pacífica al conflicto; al tiempo que se desarrollaban tratados para el control de las armas nucleares y el teléfono rojo unía directamente a Washington DC y Moscú después de la Crisis, la Guerra Fría continuaba enfrentado a EE.UU. y la URSS, creando nuevos focos de conflicto. El estudio de caso de la Crisis fue elegido por tratarse de un evento situado al borde de una guerra de exterminio de proporciones mundiales, lo que le otorga gran relevancia desde el punto de vista histórico. Además, se trata de un fenómeno ampliamente estudiado y documentado, lo que permite reconstruir detalladamente los hechos y, con ello, la tensión entre armonía y conflicto.

Tanto los capítulos teóricos como el estudio de caso contribuyen a cumplir con el objetivo central de este análisis. Como ya se ha mencionado, este objetivo consiste en proponer a las ideas de Simmel como una base filosófica para una disciplina de RRII capaz de abordar con mayor profundidad la complejidad de los fenómenos internacionales. Este ejercicio viene a transitar en cierto modo el camino inaugurado por Ramel (*Op. cit.*, 2006) en su estudio sobre la utilidad del concepto simmealiano de la lucha para el análisis de las relaciones entre Estados. Dicho tema se aborda en el presente libro y se lo complementa a través de una problematización más general del dualismo, las formas de socialización y la ley individual en Simmel. Se espera que este planteo motive a otros autores a seguir explorando las interconexiones de Simmel con la disciplina de RRII, ya sea a través de nuevos aportes teóricos, profundizando planteos ya existentes, o quizás con la aplicación de estas ideas a nuevos estudios de caso. Por ejemplo, se podría profundizar el estudio de la ley individual de Simmel en clave de las RRII, pues el planteo de este libro propone una mirada no convencional sobre dicho aporte simmealiano, el cual podría seguir desarrollándose hasta dar con una teoría más sistemática y robusta de la noción de soberanía estatal. Otro futuro aporte podría ser la incorporación de las nociones simmelianas relativas al *todo* y a la *parte*, resumidas en la idea de *sub specie aeternitatis* (Simmel, 2007 [1897-1907]). Para Simmel, la parte es capaz de representar al todo, y ello se observa en la capacidad de ciertos fragmentos de la realidad de condensar relaciones sociales, como es el caso del *dinero*, el *extranjero*, el *pobre*, el *adorno*, el *perfume*, las *ruinas*, entre otros objetos y figuras sociales (Simmel, *op. cit.*: 2014 [1908] y 2002 [1911]; Vernik, *op. cit.*,

2009). Verbigracia, el teléfono rojo surgido posteriormente a la Crisis podría analizarse desde la lógica de indagación simmeliana *sub specie aeternitatis*, tratándolo como una de esas imágenes capaces de representar al todo en un instante. En cuanto a otros posibles estudios de caso, el período de entreguerras de los años '30 resulta una interesante posibilidad, dado el despliegue de las hostilidades y revanchismos posteriores a la PGM, en paralelo al fracaso de la Sociedad de Naciones, mencionado en la Introducción.

En definitiva, el camino de las RRII hacia un pluralismo integrador ya se ha comenzado a transitar y es importante seguir contribuyendo a la disciplina para que esta pueda ampliar su potencial analítico y su capacidad de abordar a la complejidad del fenómeno internacional. Pues, como ya se ha sugerido en la Introducción, el fortalecimiento de las RRII a través de una filosofía que le dé sentido a la disciplina es fundamental, no solo desde el punto de vista académico, sino también para la generación de decisiones de política exterior debidamente sopesadas.

Finalmente, es importante destacar el aporte de este libro en relación al estudio de la obra de Simmel, más allá de sus posibles contribuciones específicas a las RRII. Este estudio muestra que es posible aplicar las ideas de dicho autor a grandes temas de la vida social, como el Estado y las relaciones internacionales. Ello se contrapone en cierto modo a la interpretación que algunos académicos, como David Frisby (1992), hacen de la obra de Simmel, posicionándolo en un nivel de análisis microsocial y estético, por ejemplo en torno a las ruinas y al adorno. Esta posibilidad de pensar lo macrosocial desde Simmel abre interesantes posibilidades analíticas para las ciencias sociales en general, ya sea para reflexionar sobre nuevas temáticas o repensar temas clásicos desde una perspectiva novedosa. La consideración de Simmel en el análisis de nivel macro podría resultar particularmente valiosa dada la originalidad de la obra simmeliana y su actual subutilización en el estudio de las ciencias sociales.

Bibliografía

Badash, Lawrence. 2009. *A Nuclear Winter's Tale*. London: MIT Press.

Bakewell, Charles. 1908. "Schopenhauer und Nietzsche by Georg Simmel", en *The Philosophical Review* 17 (5, septiembre): 537-540.

Barbé, Esther. 1983. "La crisis de los misiles de Cuba veinte años después", en *Afers Internacionals* (1, primavera): 5-18.

Barbé, Esther. 1987. "El papel del Realismo en las Relaciones Internacionales (la teoría de la política internacional de Hans J. Morgenthau)", en *Revista de Estudios Políticos (Nueva Época)* (57, julio-septiembre): 149-176.

Barbé, Esther. 1995. *Relaciones Internacionales*. Madrid: Tecnos.

Barker, Elisabeth. 1963. "The Berlin Crisis 1958-1962", en *International Affairs (Royal Institute of International Affairs 1944-)* 39 (1): 59-73.

Bellamy, Alex 2007. "The English School", en *International Relations Theory for the XXI century*, editado por Martin Grifiths, 75-87. Routledge.

Beriain, Josétxo. 2000. "Presentación", en *Revista Española de Investigaciones Sociológicas (REIS)* (89, enero-marzo): 9-34.

Bleicher, Josef. 2007. "From Kant to Goethe. Georg Simmel on the way to *Leben*", en *Theory, Culture & Society* (24): 139-158.

Bloch, Michael. 2009. "Is Rousseau Really a Realist? On the Political Theory of Peace and War". Annual Congress of the Swiss Political Science Association, Geneva, 7th and 8th of January, 2010.

Botia Merchán, Augusto. 2015. "Tiempo vivido: articulaciones sobre el tiempo a partir de los fragmentos de pensamiento de Georg Simmel". En *Una actitud del espíritu*.

Interpretaciones en torno a Georg Simmel, editado por Gilberto Díaz Aldana, 113-133. Colombia: Universidad Nacional de Colombia y Antioquia.

Boudon, Raymond. 1988/89. "Will sociology ever be a normal science?", en *Theory and Society* 17 (5): 747-771.

Bourdieu, Pierre. 2000. "El campo científico". En *Los usos sociales de la ciencia*, 11-27. Buenos Aires: Ediciones Nueva Visión.

Bresser-Pereira, Luiz Carlos. 2006. "De la CEPAL y el Iseb a La Teoría de la Dependencia", en *Desarrollo Económico* 46 (183): 419-439.

Buzan, Barry. 2001. "The English School: an unexploited resource in IR", en *Review of International Studies* 27 (3): 471-478.

Carpio, A. 2004. *Principios de Filosofía: una introducción a su problemática.* Buenos Aires: Glauco.

Carruthers, Susan. 2005. "International History, 1900-1945". En *The globalization of world politics. An Introduction to International Relations*, editado por John y Smith Baylis, Steve, 69-91. Oxford University Press.

Cutler, Claire. 1991. "The 'Grotian tradition' in international relations", en *Review of International Studies* 17 (1, enero): 41-65.

Cyr, Arthur I. 2013. "The Cuban Missile Crisis after Fifty Years", en *Orbis* 57 (1).

Devlen, Balkan, James, Patrick y Özdamar, Özgür. 2005. "The English School, International Relations, and Progress", en *International Studies Review* (7): 171-197.

Diez, Eduardo. 2013. "Escuela Inglesa en las Relaciones Internacionales: autores y debates". En *Relaciones Internacionales: teorías y debates*, editado por Elsa Llenderozas. Argentina: Eudeba.

Dunne, Tim. 2004. "Liberalism". En *The globalization of world politics. An Introduction to International Relations.*, editado por John y Smith Baylis, Steve. Oxford University Press.

Dunne, Tim 2010. "The English School". En *International Relations Theories*, editado por Tim Dunne, Kurki, Milja y Smith, Steve 135-156. Oxford University Press.

Dunne, Tim, Hansen Lene y Wight, Colin. 2013. "The end of International Relations theory?", en *European Journal of International Relations* (19): 405-425.

Dunne, Tim y Schmidt, Brian C. . 2004. "Realism". En *The globalization of world politics. An Introduction to International Relations*, editado por John y Smith Baylis, Steve 160-182. Oxford University Press.

Easley, Eric. 2004. *War over Perpetual Peace: An Exploration into the History of a Foundational International Relations Text*, 9-22. Palgrave Macmillan.

Edwards, Paul. 2010. "Simmulation Models and Atmospheric Politics, 1960-1992". En *A Vast Machine: Computer Models, Climate Data, and the Politics of Global Warming*, 357-396.

Fearon, James. 1998. "Bargaining, Enforcement, and International Cooperation", en *International Organization* 52 (2, primavera):269-305.

Ferrater Mora, José. 1964. "Ciencia". En *Diccionario de Filosofía*. Buenos Aires: Editorial Sudamericana.

Frisby, David. 1987. "Schopenhauer and Nietzsche by Georg Simmel", en *Contemporary Sociology* 16 (6, noviembre): 906-907.

Frisby, David. 1992. *Fragmentos de la modernidad. Teorías de la modernidad en la obra de Simmel, Krakauer y Benjamin*. Madrid: Visor.

Frisby, David. 1993. *Georg Simmel*. México: Fondo de Cultura Económica.

Garthoff, Raymond L. 1987. *Reflections on the Cuban Missile Crisis*, Estados Unidos: The Brookings Institution.

George, Alice L. 2003. *Awaiting armageddon. How Americans faced the Cuban Missile Crisis.* . Chapel Hill y London: The University of North Carolina Press.

Gil Villegas, Francisco. 1986. "Max Weber y Georg Simmel", en *Sociológica* 1 (1, primavera).

Girola, Lidia. 2007. "Introducción". En *Georg Simmel. Una revisión contemporánea*, editado por Olga Sabido Ramos, 105-111. España-México: Anthropos-Universidad Autónoma Metropolitana.

Haas, Peter. 1989. "Do regimes matter ? Epistemic Communities and Mediterranean Pollution Control", en *International Organization* 43 (3, verano): 377-203.

Harrison, Hope M. 2011. "The Berlin Wall after Fifty Years: Introduction", en *German Politics & Society* 29 (99, verano): 1-7.

Hasenclever, Andreas. 2014. "Liberal approaches to the 'democratic peace'". En *Theories of International Relations*, editado por Siegfried y Spindler Schieder, Manuela 130-145. Routledge.

Hassner, Pierre. 2007. "Raymond Aron: Too Realistic to Be a Realist?", *Constellations, an International Journal of Critical and Democratic Theory* (diciembre): 498-505.

Husserl, Edmund. 2008. *La crisis de las ciencias europeas y la fenomenología trascendental*. Buenos Aires: Prometeo.

Husserl, Edmund. 1992. *La filosofía como ciencia estricta*. Buenos Aires: Editorial Almagesto.

Jones, Roy E. 1981. "The English School of International Relations: A Case for Closure", en *Review of International Studies* 7(1, enero): 1-13.

Kaiser, David. 2008. "Operation Mongoose". En *The Road to Dallas*, 97-122. Harvard University Press.

Kant, Immanuel. 1998. *Sobre la paz perpetua*. Madrid: Tecnos.

Kennedy, Robert F. 1999. *Thirteen days. A memoir of the Cuban Missile Crisis*. Nueva York y Londres: W. W. Norton & Company.

Kellogg, Frank y Briand, Aristide. 27 de agosto 1928. Tratado sobre Renuncia a la Guerra – Pacto Kellog-Briand.

Kissinger, Henry. 2011. "La nueva cara de la diplomacia: Wilson y el tratado de Versalles". En *La diplomacia*. México D.F.: Fondo de Cultura Económica.

Korab-Karpowicz, Julian W. 2013. "Political Realism in International Relations". En *The Stanford Encyclopedia of Philosophy*, editado por Edward N. Zalta.

Lebow, Richard Ned. 2010. "Classical Realism". En *International Relations Theories*, editado por Tim Dunne, Kurki, Milja y Smith, Steve 59-76. Oxford University Press.

Lee, Monica y Silver, Daniel. 2012. "Simmel's Law of the Individual and the Ethics of the Relational Self", en *Theory, Culture & Society* (29): 124-145.

Lemm, Vanessa. 2010. "Más allá de una política de la dominación: la cultura aristocrática en Nietzsche", en *Alpha: revista artes, letras y filosofía* (diciembre): 9-24.

Levine, Donald N. 2012. "Soziologie and Lebensanschauung: Two Approaches to Synthesizing 'Kant' and 'Goethe' in Simmel's Work", en *Theory, Culture & Society* (29): 26-52.

Lewkow, Lionel. 2016 (en prensa). "Aproximaciones a la teoría sociológica de Georg Simmel en Über sociale Differenzierung", en *Miríada. Investigación en Ciencias Sociales*.

Lewkow, Lionel. 2015. "El concepto de vivencia en G. Simmel y E. Husserl". IV Congreso Internacional de Fenomenología y Hermenéutica, Valencia, Venezuela.

Linklater, Andrew y Suganami, Hidemi. 2006. *The English School of International Relations. A contemporary reassessment*. Reino Unido: Cambridge.

MacMillan, John. 2007. "Liberal internationalism". En *International Relations Theory for the XXI century*, editado por Martin Grifiths, 21-34. Routledge.

Marcuse, Herbert. 1993. *El Hombre Unidimensional*. España: Planeta-Agostini.

Meszaros, Thomas. 2009. "Quelle place pour la philosophie dans les Relations internationales?", en *Dynamiques Internationales: Revue électronique de relations internationales à comités de lecture* (octubre): 1-15. Accessed 11/11/2013.

Moravcsik, Andrew. 1997. "Taking Preferences Seroiusly: A liberal Theory of International Politics", en *International Organization* 51 (4, otoño): 513-553.

Mouffe, Chantal. 2009. *En torno a lo político*. Buenos Aires: Fondo de Cultura Económica.

Mundo, Daniel. 2010. "Introducción". En *El secreto y las sociedades secretas*, editado por G. Simmel. Madrid: Sequitur.

Munton, Don y Welch, David A. 2007. *The Cuban Missile Crisis. A Concise Story*. Estados Unidos: Oxford University Press.

Nash, Philip. 1997. "357-396". En *The Other Missiles of October: Eisenhower, Kennedy and the Jupiters, 1957-1963*. Chapel Hill: University of North Carolina Press.

Nathan, James. 2001. *Anatomy of the Cuban Missile Crisis*. Estados Unidos: Greenwood Press.

Organización de las Naciones Unidas. 2001. Draft articles on Responsibility of States for Internationally Wrongful Acts, with commentaries.

Ramel, Frédéric. 2006. "Georg Simmel: l'ambivalence à l'échelle internationale". En *Les fondateurs oubliés. Durkheim, Simmel, Weber, Mauss et relations internationales*, 37-62. Paris: Presses Universitaires de France.

Ramel, Frédéric. 2007. "Quand Sophia rencontre Arès. Des intérêts de la philosophie en Relations internationales", en *Études internationales* 38 (1): 5-17.

Ramel, Frédéric. 2012. *L'attraction mondiale*. París: Presses de Sciences Po.

Rammstedt, Otthein y Cantó i Milà, Natalia. 2007. "Georg Simmel (1858-1918)". En *Georg Simmel. Una revisión contemporánea*, editado por O. Sabido Ramos, 113-127. España-México: Anthropos-Universidad Autónoma Metropolitana.

Ramos Torre, Ramón. 2000. "Simmel y la Tragedia de la Cultura", en *Revista Española de Investigaciones Sociológicas (REIS)* 89 (enero-marzo): 37-71.

Robock, Alan. 2011. "Nuclear winter is a real and present danger", en *Nature* 473 (19 de mayo): 275-276.

Rodríguez, Alfonso, M. 2008. "Ensayo, teoría crítica y dialéctica en T. W. Adorno: Caracterización, "ejemplo" y problemática didáctica", en *Revista del Instituto de Estudios en Educación Universidad del Norte* (9, diciembre): 84-95.

Salomón, Mónica. 2002. "La teoría de las Relaciones Internacionales en los albores del Siglo XXI: diálogo, disidencias y aproximaciones", en *Revista Electrónica de Estudios Internacionales (REEI)*.

Savranskaya, Svetlana. 2014. "Cuba as Nuclear Power? The Secret Missiles of November 1962". En *The US in World Affairs: The Cold War and Beyond, Carolina del Norte*.

Schmidt, Brian C. 2005. "Competing Realist Conceptions of Power", en *Millennium: Journal of International Studies* 33 (3):523-549.

Sherwin, Martin J. 2012. "One Step from Nuclear War. The Cuban Missile Crisis at 50: In Search of Historical Perspective", en *Prologue Magazine* 44 (2, otoño).

Simmel, Georg. 1939 [1908]. *Sociología. Estudio sobre las formas de socialización*. Argentina: Espasa-Calpe.

Simmel, Georg. 1950 [1892]. *Problemas de filosofía de la historia; seguido de los estudios El tiempo histórico y La configuración histórica.* Traducido por Elsa Tabernig. Buenos Aires: Editorial Nova.

Simmel, Georg. 1996 [1903]. "Las grandes urbes y la vida del espíritu". En *El individuo y la libertad. Ensayos de crítica de la cultura.* Barcelona: Península.

Simmel, Georg. 2001 [1918]. *Intuición de la Vida. Cuatro Capítulos de Metafísica.* Traducido por José Rovira Armengol. Buenos Aires: Altamira.

Simmel, Georg. 2002 [1911]. *Sobre la Aventura. Ensayos filosóficos.* Traducido por Gustau y Mas Muñoz, Salvador. Barcelona: Península.

Simmel, Georg. 2003 [1917]. *Cuestiones fundamentales de Sociología.* Traducido por Ángela Ackerman Pilári. Barcelina: Gedisa.

Simmel, Georg. 2004 [1907]. *Schopenhauer y Nietzsche.* Traducido por Francisco Ayala. Buenos Aires: Terramar Ediciones.

Simmel, Georg. 2005 [1913]. *Goethe.* Buenos Aires: Prometeo.

Simmel, Georg. 2007 [1897-1907]. *Imágenes Momentáneas.* Traducido por Ibarlucía, Ricardo. España: Gedisa.

Simmel, Georg. 2008 [1903]. "Sociology of Competition", en *Canadian Journal of Sociology* (otoño): 957-978.

Simmel, Georg. 2014 [1908]. *El Pobre.* Traducido por Javier Eraso Ceballos. Madrid: Sequitur.

Simmel, Georg. 2017 [1890]. *Sobre la diferenciación social. Investigaciones sociológicas y psicológicas.* Traducido por Lionel Lewkow: Gedisa.

Soeffner, Hans-Georg. 2004. "Verstehen". En *Encyclopedia of social theory,* editado por George Ritzer: Sage Publications.

Spindler, Manuela. 2014. "Interdependence". En *Theories of International Relations,* editado por Siegfried y Spindler Schieder, Manuela, 56-75. Routledge.

Sterling-Folker, Jennifer. 2006. *Making sense of International Relations Theory.* EUA: Lynne Rienner Publishers.

Tomlin, Gregory M. 2016. "The USIA and the Cuban Missile Crisis". En *Murrow's Cold War, Public Diplomacy for the Kennedy Administration,* 142-169. University of Nebraska Press, Potomac Books.

Tucídides. 1954. *The Peloponnesian War.* Traducido por Rex Warner. Londres: Penguin Classics.

U.S. Census Bureau. 2000. Historical National Population Estimates: July 1, 1900 to July 1, 1999. Population Estimates Program, Population Division.

Vernik, Esteban. 2003. "Prefacio". En *Cuestiones fundamentales de Sociología,* editado por Georg Simmel. Barcelona: Gedisa.

Vernik, Esteban. 2009. *Simmel. Una introducción*. Buenos Aires: Quadrata.

Vernik, Esteban. 2012. "Georg Simmel y la idea de nación. Una conversación con Otthein Rammstedt", en *Revista Española de Investigaciones Sociológicas (REIS)* (137, enero-marzo): 151-162.

Vernik, Esteban. 2015. "Ideas recién venidas. Sobre la última conferencia de Simmel en Alemania y su primera recepción en Argentina". En *Una actitud del Espíritu. Interpretaciones en torno a Georg Simmel*, editado por G. Díaz Aldana, 137-154. Colombia: Universidad Nacional de Colombia y Universidad de Antioquia

Walt, Stephen. 1998. "International Relations: One world, many theories", en *Foreign Policy* (Primavera): 29-32; 34-46.

Watier, Patrick. 2005. *Georg Simmel Sociólogo*. Buenos Aires: Nueva Visión.

Weber, Max. 1973. *Ensayos sobre una metodología sociológica*. Traducido por José Etcheverry: Amorrortu editores.

Welch, David A. 2004. "Bay of Pigs Invasion". En *The Oxford Companion to Politics of the World*, editado por Joel Krieger: Oxford University Press.